JN028859

友よ、水になれ

父ブルース・リーの哲学

シャノン・リー　棚橋志行 訳

AKISHOBO

Shannon Lee

Be Water, My Friend

The Teachings of

Bruce Lee

友よ、
水になれ

父ブルース・リー
の哲学

BE WATER, MY FRIEND
by Shannon Lee

Japanese translation published by arrangement with
LeeWay Media Group, LLC c/o Aevitas Creative
Management through The English Agency (Japan) Ltd.

父へ、
娘へ、
そして皆さんに本書を捧げる

心を空にしろ。

型を捨て、形をなくせ、水のように。

コップにそそげば、水はコップの形になる。

ティーポットにそそげばティーポットの形になり、

ボトルにそそげばボトルの形になる。

水は静かに流れることもでき、激しく打つこともできる。

友よ、水になれ。

もくじ

はじめに ―― 9

第一章 水の流れていく道 ―― 21

第二章 空（から）のコップ ―― 53

第三章 永遠の学びの徒 ―― 85

第四章 相手 ―― 121

第五章 道具（ツール） ―― 153

第六章　障害物　193
第七章　暴風雨　217
第八章　息づく空（くう）　239
第九章　拳を途中で封じる方法　269
第十章　友よ　295
エピローグ　317
謝辞　318
訳者解説　322

※本文中の〔　〕は訳注

はじめに

子どものころ、兄と私は母からこう言い聞かされました。

「ブルース・リーがパパだと言ってはいけないし、言う必要もないのよ。あなたがどんな人間かをみんなにわかってもらえれば、それでいいの」

すばらしい助言でした。だから私はずっと、友達と話すときにもその話題は避けてきました。うちへ遊びにきて壁の家族写真を見れば、誰でもすぐに気づくことなのですが。でも、小学生のころはみんな「へえ」と好奇心まじりに言うだけで、すぐにローラースケートや自転車で一緒に外へ飛び出していったものです。

しかし大人になるにつれ、隠し持った自分の秘密を意識せざるを得ない局面が増えてきました。父の遺産を本格的に管理するようになってからはなおのことで、この手の話を避けるのは大変でした。

「あなたは何の仕事をしているの？」

「どうしてそれをすることになったの？」

ごく当たり前の、相手との距離を縮めるためのこうした質問をいつも避けていると、真実から隠れているだけでなく、話をごまかして嘘をついているような気がしてきます。よい気分ではありません。そもそも、ブルース・リーの娘であることを恥じているわけではないのですから。父のことは心から誇りに思っています。

それでも、ブルース・リーの娘であることに相手が過剰な反応を見せる、そうした経験は、私にとって自分のアイデンティティを保つうえでの試練でもありました。だからこそ、父の哲学である〝自己実現〟の考え方が心に深く響いたのかもしれません（そう、ブルース・リーは哲学者でした）。受け継いだDNAを光栄に思いながらも、かならずしもそれは自分の魂に何かを為すものではない――そんなとき、どう折り合いをつけて生きていけばいいのでしょう。それとも、そこには何か意味があるのでしょうか。私に人生をあたえてくれた男性、私にとって計り知れない意味を持つ人の遺産を守り、広めていくことに人生を費やすと決めたときから、己のアイデンティティの問題は混沌としてきました。

「お父さんのことで、どんなことを覚えていますか」

しょっちゅう訊かれる質問です。はっきり答えられず、悩みつづけてきた問いでもあります。

父は私が四歳のとき亡くなりました。だから、父と同時代の人たちのように直接聞かされた話があるわけでも、輝かしい知恵をたくさん授かったわけでもありません。父から私に宛てた手紙も一通もないのです。ですが一方で私は、父のことを本質的に理解していると私自身について感じています。これをどう説明したらいいのでしょうか――父の〝知人〟たちが理解していない形で私が父を理解している、ということを。

私はいつしかこの感覚、つまり父の本質を理解していると感じるこの感覚は、父の記憶なのだと認識するようになりました。しがらみや痛み、嫉妬や争い、美化された概念といったものに翻弄されることのない、曇りなき父の姿を私は知っている。父の愛を知っている。彼のエネルギーのありようを身体で知っている。これは私にとって幸いなことでした。人格形成期には、理屈ではなく五感を通じて親のことを知るからです。

ほとんどの子どもは四歳よりもずっと大きくなってから初めて認知に基づく一般的な記憶力を備えていきます。自分のまわりの世界を構成するさまざまなものに触れ、取り込んだものを解釈し、それらとどう関わっていけばいいのか、時間をかけて学んでいきます。だからその経験がまだ少ない子どものころは、誰もがいろんなことを間違えてしまうのです。それでも物事の本質は感じ取っています。ある意味では大人よりも鋭敏に。

父は愛の光で私を照らしてくれました。はっきり覚えています。父の本質を。父という人間を。多くの点で彼は驚異的な人でした。知性と創造性にあふれ、博識で、特殊な技能を持ち、意欲的だった。さまざまな知恵や技能を培い、養うために懸命の努力をしていた。あるとき父は、「信じてくれないかもしれないが、私は何をするときにも完璧を期して、そのために必要な時間をかけている」と言っています。彫刻のような筋骨隆々とした肉体をつくり出すだけでなく、心を鍛え、学習し、練習方法を進化させ、自分の可能性を高めることにも心を砕いた。美しい字を書く、文法的に正しい文章を書き、話す、冗談を口にすることで英語のくだけた語法への理解を深める、演者としてだけでなく映画を監督する側の技法を学ぶなど、小さな努力も重ねていました。その結果、没後四十七年を経ても何ら古さを感じさせない遺産を築き上げたのです。

でも、私が父の哲学を実践することで理解し、学んだことがあるとすれば、それは、充実した人生を送るためにブルース・リーになる必要はない、ということです。

偉大な父の娘なのだから、親の十分の一でも立派な人間にならなくてはいけない――そうやって自分にかけた呪詛に打ちのめされ、何度身のすくむ思いをし、恐怖に縮こまってきたことか。おかげで、人生で何度も立ち止まるはめになりました。

でも、あるとき気づいたのです。そこでいちど深呼吸をして、思い出せばいいことに。父は私がブルース・リーになることを望んではいないのだと。ああ、よかった。

この本を読んだ皆さんは、きっと理解されることでしょう。ブルース・リーが望むのは、皆さんが最高の自分になることなのだと。その自分はブルース・リーとはまったくちがったものに見えるはずです。なぜなら、あなたはあなただから。どういうことか。そう、ブルース・リーにも苦手なことはたくさんありました。彼は電球を取り換えることができず、卵を料理することすらできなかった。イケアの家具を組み立てている父を見てみたいものです（うまくいかず苛立ちのあまり六角レンチを投げつけて、それが壁に突き立っているようすが目に浮かびます）。

それはさておき、彼の言葉に耳を傾けることで、あなたは自己実現に至るプロセスについて熟慮することになるでしょう。本当の自分は本質的にどんな人間なのだろうか、という問いがそこに生じます。自分の可能性が自分をどの方向へ引っ張っているかに気づき、その可能性を磨くにはどう取り組めばいいかに気づいていく。そこに立ち現れるあなたの姿は父と同じくらい独特なもので、輝かしく、見る人の気持ちを高め、またエネルギーに満ちていることでしょう。それだけではありません。いつしか明確な目的意識が備わるようになり、そのおかげで以前にはなかった心の平安と喜びがもたらされます。

なぜそう言えるかといえば、私が本書の執筆に取り組めたのも、そのプロセスを経験したからに他ならないからです。父が実践してきたこと、そしてその言葉たちに私自身が心を深く動かされ、癒しを得たのです。

父の遺産をプロモートする仕事にはそれだけの価値があるという確信が持てなかったら、ここまで人生の大部分を捧げてはこなかったでしょう。私が身をもって知る、哲学的なアプローチで深く人の心を鼓舞する父の別の一面も、だから皆さんに知っていただきたい。どんな小さなものでもいいから、あなたの人生に価値や恵みをもたらすことをそこから手に入れてほしい。本書で描かれる私たち家族の話に触れながら、その中にあなたにしか見えない、あなた自身の大切なものを見つけてほしいのです。

ところで、私には皆さんの道案内を務めるどんな資格があるのでしょう。私は研究者でも教育者でもセラピストでもなく、ライフコーチでもありません。ブルース・リーのこと以外、何の専門知識も持ち合わせていません。その知識さえある意味特殊なもので、日時や時代や出来事についての膨大な情報に基づくものではない。私にお伝えできるものがあるとすれば、それは父を知り、父に愛されたこと、父の贈り物に感謝し、自分なりに父の言葉を精いっぱい実践し、自分を見つけようとひたむきに努力してきた歳月の蓄積の中にあります。

学位も専門的な知識もありませんが、私は処方箋、寓話、啓示の一環としてこの本を書きました。はるか遠くまで精神的な旅をしてきた方には、ときに単純すぎると感じられるかもしれません。意図して簡明、シンプルであることを期しました。可能なかぎり幅広い人々がこれらの考え方を利用できるよう願っているからです。とはいえ、読み進めるにつれて、受け取るメッセージの深みは増していくことでしょう。どうか私といっしょに、この水の流れが道をつくりながらどこへ向かっていくか、発見してください。

本書では、父の〝水になれ〟という哲学がどういうもので、父の人生と遺産に長年浸(ひた)ってきた私がどのようにそれを理解しているかをお伝えできるよう、最善を尽くします。

父のこの名言をご存じない方のために説明しておくと、これは武術の修行中に父が初めて気づいた境地を表したものです。本書を通してこの言葉はずっと、人生を精いっぱい生きることの暗喩(メタファー)として使われます。でも、私にとっていちばん大切に感じられることは、「水のようになる」という考え方には、人生における流動性や自然な性質のありように抗(あらが)わず、みずからもそれを体現しようとする意識が込められている点です。水はどんな容器に流れ込んでもそれに合わせて形を変えます。柔らかくも強くもなり、しかしつねにありのままの水であることは変えません。そんな水のように、たゆみなくずっと流れつづける方法を見つけていく——柔軟さと鋭い知覚を備え、自然体で、山があろうと壁があろうと前進を止められない自分になれるところを想像してみてください。父のような武術家にとっては、磨き上げる技術(テクニック)の極致と言ってもいいでしょう。私にとっては、一人の人間として自分を表現し、力強く、自由でいられる能力を高めるための教えです。

じつは、父は二十世紀でもっとも注目に値する深遠な哲学者の一人でした。私はそう信じているし、信じているのは私だけではないでしょう。ただ、父のそんな側面を知る人はそんなに多くありません。アクション映画のスターで武術家でもあったからです。それゆえ、知識人の側面を見逃されやすい。哲学者というと、ふつうは学者然として、本を書いたり、心を打つ話や教育的な話をしたりする人を思い浮かべるでしょう。アクション映画のスターを思い浮かべることはありません。でも、父は単なる映画スターではなかった。彼の生きざまと彼が遺した言葉から、みなさんはそれを知ることができるでしょう。

私は原典から字義どおり引用することにあまりこだわっていないので驚かれるかもしれません。父のエネルギーへの愛と信奉は深く抱いていますが、ブルース・リー純粋主義者ではないのです。だから、父の言葉にそういった意味での正確さは期しません。自分が言いたいことを説明するのに都合がいいと思えば、引用を組み合わせたり編集したりして、より消化しやすい形で書くことを心がけました。探検と可能性に満ちた人生の展望を紹介し、導くための入門書として読んでいただくのがいいと思います。

また、道案内を務める私もまだ学習の途上にあり、成長中である点をご承知おきください。父も言っているように、「よき人生とは過程（プロセス）であって結果ではない。方向性であって目的地ではない」のです。

本書に飛び込む前にもう少しお断りしておくと、このテキストにはおのずと回りくどいところがあります。ある箇所で意志の力をはたらかせる必要があると示唆し、その何ページかあとには意志を捨てるよう示唆することもある。一見矛盾しているような気がして、苛立ちを覚える方もいるかもしれません。でも、それはじつは矛盾ではなく、刻々と変化する状況に合わせて対応の仕方を変えているだけなのです。父の哲学〝水になれ〟の原理とは、人生全般を包み込む生態系でもある。そのことを頭に入れたうえでお読みいただければ幸いです。違和感を覚えたときは、水の本質（柔軟で活力に満ちた状態）を思い出すようにしてください。できるかぎり明快であるよう、私も最善を尽くします。

　硬直化した姿勢をとったり、何かに向かって計画どおり進むことを至上命題としないこと、それがなによりも重要です。なにしろ、この本は水について書かれた本ですから。人生は硬直したものでも計画されたものでもない。突然のパンクや予期せぬボーナスもある。弾力性の余地をつくり、人生の紆余曲折や浮き沈みを考慮しながら、感覚で理解し、柔軟な自然体で、いったん動きだしたら誰も止められない力を習得していく。それこそが本書のテーマです。ただ、自分の可能性を最大限に発揮し、自分という存在全体を自在に行き来する術（すべ）が一夜で身につくわけはありません。

　成功を味わい、すべてわかったと初めて思った直後に新しい難題に直面してつまずき、以前の条件づけが醜（みにく）い頭をもたげ、やり場のない憤りで壁に拳（こぶし）を叩きつけたくなることもあるでしょう。その瞬間、活動を停止するかさらに成長するかの選択を、あなたはふたたび突きつけられることになる。

そんなときは、父のこんな言葉を思い出してみてください。「人は挫折を通じて成長する必要がある。さもないと、世界に対処する手段や方法をみずから開発する意欲は生まれない」まさに至言です。難しいことや能力が試されることに向き合った経験がないと、初めてそれが自分の身に降りかかったときに圧倒され、途方に暮れてしまう。あるいは、身を縮めて床にうずくまりたくなるかもしれません。ですから、あえて挫折を自分の先生や友人と考えてみてください。挫折があなたやあなたの能力、あなたの信じていることについて語りかける声に耳を傾けてみる。どこを少し伸ばす必要があるのか。自分が本心から求め大切にしていることは何か。挫折に導かれることで、自分をしっかり理解できるようになっていきます。そうすればいつか人生が花開き、たくましく自由になれると私が請け合います。

この水の旅をごいっしょするうちに、意欲や喜びについてもお話しするつもりです。敗北や状況の変化にどう対処するかもお話しします。手順を踏みながら自分を信じる心を養う方法、前向きな意識で生きていく方法、あわてず騒がず心の平安を得る方法についても語らいましょう。

いずれもわくわくする作業ですが、人のやることです。間違いも犯すでしょう。障害物も現れるでしょう。それでも人生は長丁場。生涯をかけてこの練習をすればいい。つまるところ、人生は精いっぱい生きることに価値があるわけです。一心不乱に打ち込む感覚で人生に取り組みたい。生涯にわたりこの練習をしていくなかで、私たちに語りかけ楽観主義を育んでくれるものを見つけたい。それには努力が必要です。失敗だってすることを前提にそこから学び、成長し、たえずご自身を磨いていけるよう願っています。肩の力を抜いて、最高の自分になる練習に向けての適切な姿勢を学んでください。くり返しになりますが、なにより大事なのはブルース・リーになろうとせず完全な自分になれるよう努力する、ということです。

ちなみに、もう始まっていますよ。私たちは生まれてからずっと、断続的にこの練習をしてきているのです。ちゃんと認識はしていなくても、誰もがみんな人生を最大限に活用する努力をしています。本書が提供するのは、どうすればそれを意識的に果たせるかという別の視点にすぎません。この本を手に取り、どのように自分に語りかけてくれるだろうかと興味を覚えただけで、すでにあなたはご自分の考えを深める道へと進む意欲を抱いている。ですから、その流れに乗って楽しみましょう。壮大な実験になることでしょう。

これは、あなたが大好きなことは何か、あなたを溌溂（はつらつ）とさせるものは何か、あなたの夢は何か、そしていちばん大事な本質は何かを見つける旅です。心の準備をして父の言葉に身をゆだねてください。道を進むあいだには、ご自分にとってのこの旅の意義と目的を手放さないよう努めてください。

リラックスして準備を整え、頭で考えず、夢を見ず、型にはまらず、柔軟に対応する。全体が静かな活力に満ちていて、意識がはたらいていて、心が研ぎ澄まされ、何が起きても対応する準備ができていること。

第一章

水の流れていく道

水は速く流れても、ゆっくり流れても、
その目的は不変であり、その運命は確かである。

武術は父が選んだ大切な道でした。詠春拳を習いはじめた十三歳から、三十二歳で生涯を閉じるまで、小さな例外を除いて一日も練習を欠かさなかった。「人生で大事なことはすべて武術の修行から学んだ」と語っていたくらいです。並外れて鋭い洞察力と頭脳の持ち主でもあり、私はよくこう思うのです。あのような肉体と格闘の訓練に、あの頭脳が結びついたことはすばらしい運命だったと。

考えてみると、武術はまさしく人生の完璧なメタファーです。身体に危害が及ぶ脅威というきわめて過酷な状況下で心を落ち着け、手際よく対応を続ける練習によって武術は上達します。そうやって武術をマスターした暁には落ち着いて手際よく戦いに臨めるだけでなく、動きの芸術家として自分を表現できる。目まぐるしく展開するいまという瞬間瞬間に、絶対的自由と自信を持って力強く自分を表せるようになる。わが身の安全、ひいては命までが危険にさらされるときに、心を研ぎ澄まし、機動力を失わず、熟練の技術を発揮できたなら、自分自身をマスターするという偉業を達成したことになります。

ブルース・リーは、この運動哲学に基づいて人生の全局面を生きていました。私が好んで使う言葉〝本物〟をつねに追い求めていた。本物の戦い、本物の生き方、町の路上で試されてきた自由な概念、そしてそこから日常に応用できるものを求めてきた。父はポイント制や激しい接触を制限する試合には参加しませんでした。それは、当時さかんに行われていたハイレベルな空手大会についても同じでした。相手を傷つけずに得点するルールがふんだんに盛り込まれた競技的な試合形式を、父は「陸上で泳ぐようなもの」と一蹴しています。

といって、誰彼かまわず路上で喧嘩を売って回ったわけではありません。父の生涯で真剣勝負に臨んだ機会はひと握りくらいだったでしょうか。でも、数少ないそのときのために徹底的に自分を鍛えていました。

さまざまな競技に独自の防具が存在しますが、父は別個のパーツを防護目的に利用して全身を守れるスパーリング用装備を編み出した草分けです。野球のグラブを平たくし、詰め物をしてフォーカスミットをつくる。野球の捕手の胸当てやボクシング用品、剣道のナックルフィンガーグラブ（籠手(こて)）も改良して活かした。これらの装備はその後も進化していき、いまではどこででも見られますが、一九六〇年代の中国拳法（父は母語である広東語で「功夫(グンフー)」と言っていました）で、防具の使用は斬新な試みだったのです。

父は徹底した身体鍛練と戦いを通じ、己の行動原理によって心と体をつなぐこと、つまり、考えをたえず実際の行動へ落とし込んでいく術を身につけたのです。自分の哲学に取り入れたほとんど（ひょっとしたらすべて）の考え方は、まず武術家として成功するためのものでした。普遍的な原理というものはみなそうですが、父は武術で体得したこうした原理の応用範囲は想像以上に広く深いことに気づいたのです。他に比類がないくらい、人の生き方に当てはめることが可能だと。

でもまずは、そもそもの初めからお話ししましょう。

少年と中国拳法の達人と舟

父は十三歳のとき、香港で詠春拳という拳法を習いはじめました。師傅（しふ）（先生）は葉問（イップ・マン）という男性でした。教えるのがとてもじょうずで、体術の訓練だけでなく老荘思想（タオイズム）や陰陽の原理を稽古に織り込みました。オークの木と竹のちがいに着目し、「硬いオークの木は強風を受けると折れてしまうが、竹は風を受けてもしなって生き延びることができる」と、自然を題材にした喩え話（たとえばなし）を使うこともありました。

父は熱心な生徒で、教えられたことをたちまち身につけます。稽古が終わっても適当な場所を見つけては練習し、優等門下生になりました。それでも、まだ十代です。小さいころには「じっとしていない子」と言われていました。のちには〝小龍（シウロン）（リトル・ドラゴン）〟と呼ばれ、これが俳優名になります。龍（辰）の年の龍の刻に生まれた若きブルース・リーは炎の塊でした。すべてが〝陽〟。葉問（イップ・マン）はこの燃え盛る若者に、強さや試合運びだけでなく優しさやしなやかさ、柔軟性の大切さもたえず教え込もうとします。

父の名誉のために言っておくと、彼は耳を傾け試してみたのです。でも、はやり立つ心（と激しい気性）に呑み込まれていて、こんなふうに思います。どんな形でも勝つことが大事なんじゃないか。優しさと勝つことに何の関係があるのか。

ある日、葉問（イップ・マン）は若きブルースにリラックスして心を落ち着かせ、自分のことは忘れて相手の動きを追うよう教えようとしていました。〝無心〟を教えようとしたのです。自分の戦略だけにとらわれ、自分の突きや動きばかりを執拗に計算するのではなく、相手の動きに本能的に反応できるようにと。父が教えに従わず、技巧に走り闘争心にとらわれながら眉間にしわを寄せて汗を垂らしている姿を見て、葉問（イップ・マン）は何度もそれを押しとどめ、自然な流れに逆らわずエネルギーを節約するよう命じます。「自然に逆らって自己主張してはいけない」さらに、「いかなる問題も真っ正面からぶつかるのでなく、そのありように合わせ自在に動いて制するのだ」と諭しました。最後に師は若きブルースを止め、言いました。「今週は練習しないでいい。家に帰って、私の言ったことを考えてみなさい」

練習するな？　父にとっては「息をするな」と言われたようなものです。稽古から追い出されてもブルースは一人練習を続け、また瞑想し、師の言わんとしていることを何とか理解しようと努めますが、わかりません。むしゃくしゃしてエネルギーが有り余っていた彼はある日、この降ってわいた自由時間を使って小舟で香港湾へ漕ぎ出しました。

しばらくして漕ぐのをやめ、船底に横たわって波に身をまかせ揺られるうちに、心の中に師の主張と練習に費やしてきた長い時間が甦(よみがえ)ってきた。自分のどこが間違っているのか。師はなぜあんなことを言ったのか。さっぱりわからない！　苛立ちは募るばかりです。怒りにまかせて身を乗り出し、南シナ海の水面に何度か全力で拳を打ち込みました。

ハッとある考えに打たれ、彼は動きを止めました。自分の濡れた手を見下ろします。のちに父は、このときのことを次の随筆にしたためています。

この水はいま、私にグンフーの原理を教えてくれたのではないか？　私は水を打ったが、水が傷つくことはなかった。もういちど、私は全力で水を突いた——それでも、水が傷つくことはなかった。次に手でつかもうとしたが、これもできなかった。どんなに小さな壺にも収めることができ、世界でいちばん柔らかな物質であるこの水は、いかにも弱そうに見えるが、じつはこの世でいちばん硬い物質をも貫通できる。そうか！　私は水のような存在になりたい。

次の瞬間、頭上を飛ぶ鳥の姿が水面に映り、それを見たとき第二の啓示を受けます。

戦う相手を前に抱いた思いや感情は、水面に映った飛ぶ鳥のように過ぎ去らせるべきではないか。葉問(イップ・マン)先生が言う、気持ちに執着や遮断がある人とはそういうことだ。つまり、自分を律するには、まず己の性質に寄り添い、それに逆らわず自分を受け入れなければいけないのだ。

父と水との長く親密な関係はこうして始まりました。柔らかいのに強く、自然でありながら方向性を持ち、超然としながらも力強く、なにより、人が生きていくために欠かせないもの、それが水なのです。

武術の経験は不要

この時点であなたは、「自分は武術家じゃない。この話のどこが自分に当てはまるんだろう。六十年以上前の十七歳が受けた啓示に、自分が関心を向ける必要などあるのだろうか」と考えているかもしれません。ご心配なく。ときおり武術の話は出てきますが、それは人の経験全般に応用可能な概念を説明するためです。抽象的な概念は、事実に基づいた具体例を挙げて咀嚼したほうが簡単なこともあります。

父の哲学的思想はその生きざまと溶け合い、私自身を含めた世界じゅうの人たちの心を鼓舞し、多くの人々の人生を好転させてきました。そんな父が手本としてきたのが水なのです。だから、ぜひ〝水のようになる〟という概念に寄り添って、ともに進んでいただきたいと思います。

本質的に、水は同じところに留まらず流れていくようにできている。障害物が出てきても、よけて通っていく。障害物の中を通り抜けることだってある。父はこれを「無制限」と呼んでいました。通れる方向さえあればすぐに動きだす準備ができている。この開放性と柔軟性を人に置き換えれば、たえず次の動きがとれる準備ができている状態を意味します。水はただ水自身であるだけで、どこにも無駄な力が入らず自然に準備ができている。つまり水のような状態とは、完全で、自然で、己の可能性をいつでも最大限に発揮する自分でいることなのです。可能なかぎり流れに乗って、人生を前へ前へと切り開いていく自分であること、それが水のようになるということです。

どうか私を信じてください。あなたが運動選手か、専業主婦か、学生か、音楽家か、会計士か、起業家か、警察官かは問いません。本書のページには大切なことが書かれています。ただし、それと同時に、本書の内容すべてがあなたのためになるとは限らないことも覚えておいてください。これが真実と人から言われても鵜呑みにすべきでありません。ある人にとっての真実は別の人には真実でないかもしれない。共通の真実へ向かう道があなたと他の人ではちがって見えることもあるでしょう。万人にぴったりの助言や道具一式など存在しないのです。あなたの役に立つものが何なのか、私にはわかりません。いくつか試してみたうえで、あなただけがわかるのです。私は家族の話、自分の考え、体験、アイデアをお伝えします。あとはあなた次第。ここであなたの役に立つものが見つからなくても、あきらめないでください。この世にはたくさん資源があるのですから。求めつづければ、探しているものはきっと見つかります。

では、心の中でお辞儀をしてみましょう。武術のレッスンはすべて礼から始まります。頭を下げるのは卑屈な態度ではありません。自分はここにいます。いま来ました。注意を払っていて、参加する準備ができています。そんな意思を示す動作です。

皆さん、ここにいてくれてありがとう。では、水の基本から始めましょう。

水のようになるという考えは、父にとってなぜそんなに重要な原理だったのか。彼が自分の武術と人生を体現するためにつくり出した中核的信条を、次に記します。

無法を以て有法と為し、無限を以て有限と為す。

無制限

ざっくり言えば、形式にとらわれず自分の限界を決めない、といった意味でしょうか。

でも、これで水の性質を完璧に表しているのでしょうか。漏水のトラブルを経験したことがある人は、水がどうやって入ってきてどこへ落ち着くのかと、首をひねったことがあると思います。水がどこから来てどう移動していくのかを知るには、壁や天井を全部引き剝がすしかありません。

つい最近、私もそんな経験をしました。うちの事務所でひどい水漏れがあったのです。屋根からどこかを伝ってきているにちがいないのですが、まっすぐ天井の一点から滴り落ちているだけではなかったのです。見つけた場所としては、上階の壁から浸み出していました。大家さんは業者に三度も修理を頼みましたが、結局浸入口は特定できず、修理工が試みたやり方では根本的な原因を突き止められなかった。私たちは仕方なく上階のしかるべき場所に防水シートを張ってバケツを置き、少なくともこれで下の階は比較的安全になっただろうと考えました。

その後また雨が降りました。こんどは土砂降りです。上階の壁に水が入り込み、水は壁の中を通って下へ向かいつづけ、下の階の天井へ達すると梁(はり)に沿って広がりました。翌朝、事務所に行ってみると、水は天井の梁全体から一階の床じゅうに、ぼたぼたと滴り落ちていました。文字どおり、室内に雨が降っていたのです。

私たちにとっては悲惨な状況でしたが、水の側からすればこれは完全な勝利です。なぜこのような称賛に値する状況に至ったのでしょう。それは、水がけっしてあきらめなかったからです。水は流れていける道を見つけようとしました。それもひとつだけでなく。障害物にぶつかるまで進み、必要とあればコースを変えて流れつづける。〝道なき道〟を道にして流れていった。つまり、進むことが可能なあらゆる道を使ったわけです。私たちはこのあと、屋根に継ぎを当てました。それでも雨水は道を見つけます。おかげさまで、いまは建物の中でなく外へと流れ出るようになりました。

これが水の基本的なあり方です。水は誰にも止められない。「水」という言葉は、さきほど挙げた父の信条「無法を以て有法と為し、無限を以て有限と為す」のどこにも見えませんが、この「誰にも止められない」は皆さんに寄り添ってほしい水の卓越した基本的性質を、余すところなく表現しています。〝寄り添ってほしい〟とは、心の友としてほしいという意味です。人生は頭の体操ではないので、それを考えるだけでなく、それに気づき、それを経験し、感じ、受け入れていただきたいと思います。

「ブルース・リーは止められない」と思う人が多いのと同じように、「水は止められない」、そう思うことにしましょう。父のことをどこまでご存じかはともかく、実生活でも映画の中でも、敵を切り裂く英雄的な凄腕の男のイメージをお持ちではないでしょうか。

では、水のように止められない人になるには、何が必要なのでしょう。

意識せよ

父にとって〝流れの中にいる〟とは、いまという瞬間に積極的に関わり、意識と目的と意図を持った生き方を選ぶことでした。そこに物理的な空間を占めているだけではだめです。授業に出席していればいいのではなく、積・極・的に参加していることが大事になる。しっかり耳を傾け、質問し、メモを取り、会話に参加しているか。それとも、物理的に出席してはいるが、スウェットのフードをかぶり、耳にイヤホンをしたままスマートフォンを見ていたり、半分眠っていたりしていないか。いまという瞬間に積極的に関わることは、水のような状態のカギを握る大事な要素です。それはなぜか。

あのとき、雨水がみずからの置かれた環境で可能な動きを最大限にとらなければ、一階の事務所にまで水が浸入することはなかったでしょう。それが水の性質です。しかし、障害物に出くわしてもかならず進みつづける水とちがって、私たち人間はそこで立ち止まるか進みつづけるかを選択します。また、一見動いていないように見える水も、ブクブク湧き出る泉や、絶え間なく降る雨や、雪解け水に支えられていることをお忘れなく。そうでなければ水はよどんで腐ったり、最終的には蒸発してなくなってしまう。なので、人間としての可能性をいかんなく発揮したければ、自己満足に陥ったり歩みを止めるのは禁物です。前へ進む方法を見つけ、何度もくり返し奮い立つ必要があります。そして、自分の進むべき道を見つけるためには注意を払わなければいけない。周囲で何が起こっているかを意識しておく必要があるのです。

私が好きな父の言葉に、こういうものがあります。

「成長し、あらたな発見をするには関わり合いが必要だ。私は毎日それを経験していて、いい経験もあれば、歯がゆい経験もある」

誰だって自分の人生に関わっているのでは？　と思われるかもしれません。呼吸したり何かしたりしながら生きているという意味では、たしかに人生に関与していると言えるのかもしれません。しかし、実のところ私たちの多くは自分の意識や自己認識、ひいては自分の可能性をじゅうぶんには活用していません。積極的に人生の方向を定め、自分のエネルギーや環境、人間関係などと連携して活動していない。私たちの多くにとって、人生は偶然の出来事です。無意識の生活パターンにはまり込み、人生を築く作業にしっかり関与するための選択肢や方法が数多くあることを忘れてしまう。

言ってみれば、精いっぱい生きているか、ただ生きつづけているかのちがいです。前者を選びたければ、注意を払う必要があります。つねに〝オン〟の状態で、つねに抑制が利いていて、つねに〝ゾーンに入って〟いなければならないという意味ではありません。それではいつか疲れ切ってしまいます。そんな人生を週七日、一日二十四時間送るなんて、ほとんどの人には無理でしょう。

ご存じのように、人生は自分の手に負えることばかりではありません。思いがけず難題が降りかかってくるものです。職場から解雇される。病気になる。大切な人が急死する。疲れて気が滅入ってしまうこともあるでしょう。でもブルース・リーの〝水になる練習〟を続けて意識を高めていたら、そこで手に入れた道具（ツール）を磨くことで人生が投げかけてくるさまざまな状況に立ち向かえるようになっていきます。数々のスキル、前向きな意識、優しさといったものがあなたを導いてくれる。〝水のようになる〟とは、そんな究極の道を探していくうえでの指針なのです。

そこで大きな役割を果たすのが積極的参加と意識です。心が後ろ向きな思考に毒されていたり、感情的になって相手にキレたりしたとき、その人は考えて対応しているのではなくただ反応しているにすぎません。自分がどう感じているか、どんな考えが自分の頭をよぎっているかを把握せずして、悪習を変え、幸せや個人的な満足を見つけられるでしょうか。どこを修正する必要があるかを理解するには、自分を観察できなければいけません。注意を払っていれば周囲や自分の中で何が起こっているかがわかり、そのとき初めて、自分の関わり方を自由に選べるようになる。選択肢があることさえわかっていないようでは、対応の方法を選べません。

ちょっと想像してみてください。衝動的な反応に呑み込まれることなく、あらゆる瞬間、あらゆる状況への対応を自由に選べる自分でいられたら、どんな心地がするでしょう。難しい状況と向き合ったとき感情に流されたり、思考が停止して固まってしまったりせずにすんだらどんな心地でしょう。自分を見失わず、どんな経験にもしっかり対処できたらどんな気持ちになるか、想像してみてください。どんな状況でも取り乱したり怒りに駆られたりせず、本来の自分を反映した完璧な対応ができたら、どうでしょう。自分が頼もしく思えるのではないですか？

そういう理想としての人生はたしかにすばらしいが、いまの自分には非現実的だと思う人もいるでしょう。それでかまいません。私たちは完璧をめざしているわけではないので、現実的で人間的な話をしながら進めていくつもりです。そう、私たちは〝完璧をめざしているわけではない〟のです。

水のようになるとは完璧をめざすことではありません。完璧になるのは難しいものです。水のようになるとは、すべてを制御することではない。操縦桿(かん)を正確に制御するのは難度の高いことです。とりあえず、完璧と制御をこんなふうに考えてみましょう。

つねに不完全な形で展開する人生にこそ完璧さはある。なぜなら不完全だからこそ、何かを学び、そこから成長し実践しようとする動機が芽生えるからです。受け入れる練習、我慢する練習、愛する練習、改善する練習といった難しい課題に挑むことで自分に自信がつき、やがては、いま練習しているスキルが第二の天性ともなる。ここで考える完璧さは最終的に達成することではなく、私たちが意識を集中させる方法と捉えるべきでしょう。この考えと折り合いをつけるには、人生の不完全さを成功の尺度としてではなく、自身の成長と向上にとって理想的な教材、または好機と捉えることです。

次は制御〔もしくは支配〕について。ゲイリー・ゴールドスナイダーとヨースト・エルファースが著した『誕生日の秘密の言葉』〔未邦訳〕という占星術書では、一年のすべての日にその日にちなんだ名前もしくは呼称が付けられています。私の誕生日は〝不動の支配〟。おやおや。知り合いのほとんどは私を古典的な支配魔とは思っていないはずなのですが（少なくとも、そう願っています）。これまで自分ではどうにもならないことがいやというほど降りかかってきたので、いまの私には、何もかも力ずくで自分の意に従わせようとするのでなく、両手を上げて降参し、その状況を最大限に活用しようとする傾向があります。でも、やはりそこには取るべきバランスがあります。それはたとえば、〝制御しない〟ことでどれだけ制御できるかを見定めることかもしれません。

チャレンジした結果どこに道が開けるか。目標に向かってどれだけ自分の意志を貫けるか。それらを考えるのも当然大切なことですが、期せずして人生という旅に降りかかってくる不慮の出来事に、どれだけ対応の余地を確保できているかも重要です。

最近、大きな価値を持ったプロジェクトがありました。しかし、なぜか計画どおりに進まない。それどころか大失敗に終わりそうな気がしました。それで、しかるべき人材を獲得し、企画を軌道に乗せるための改革を実行して状況を制御しようとしたのですが、またたく間に資金と選択肢が尽きてしまった。私はこのプロジェクトに熱い思い入れがありました。なんとかして続けたかったけれど、自分に有利なカードは出てこない。なので、ぎりぎりまで頑張ったところで、この状況に抗うのはやめることにしたのです。プロジェクトの未来は天にゆだね、「私に道を示してください」と言いました。そして、千のダムを築いて水の流れる方向をひとつに絞るのではなく、あらたな展開を見守ることにしました。

プロジェクトの一局面は終わりを迎えたけれど、そこからいくつか（最初よりいい）新しいアイデアとパートナー候補、あらたな可能性が出てきました。いちばん大事なことは、状況に逆らわず物事の自然な流れを追うことでした。おかげで私は、プロジェクトを断念することも失敗することもせずにすみました。新しい方法を見つけ、ストレスと不安を減らしつつ、さらなるエネルギーを獲得できた。プロジェクトの成否はまだわからないけれど、引きつづき寄り添い、逃げ出すことなく、そそぐべきところにエネルギーをそそぎ、その先は自然な成り行きにまかせようと考えています。私はもうこの複雑に入り組んだベンチャー事業全体の運命を制御しようとも、それを完璧なものにしようとも思っていない。そこが以前とのちがいです。変わらず共同プロデュースはしていますが、もう無理はしていません。

「ここに生まれ持った本能があり、ここに抑制がある。このふたつを組み合わせて調和させなければいけない」と父は言いました。なので、困難な状況や難敵に直面したとき、私はたえず自分に問いかけるよう努めています。不完全なこの自分がどこまで〝制御〟でき、また積極的に状況に関与しながら責任を取れるだろう、と。

そう自分に問うことで、私自身の生き方や、私がつくり出すあらゆることに新しいありようが加味されていく。うまくいかないことがあっても、振り返って反省することのなかに学ぶべきことがたくさんある。その場であれ後日であれ、自分の経験にしっかり向き合うことを意識していれば、かならずそこから成長と学びが生まれてきます。

柔軟であれ

人は生きているとき柔らかく柔軟性に富んでいる。死ぬと硬直する。身体でも、頭でも、精神でも、柔軟性は生で硬直は死。柔軟であれ。

水についての教えでもっとも理解しやすいのは、その柔軟性でしょう。川に石を投げたとき、川の水はそれに適応して石が入る空間をつくる。これは父が十代のころ、水はグンフーの暗喩であると気づいた日に得た教訓のひとつです。水をつかもうとすると、水は指の間からこぼれ出た。水に拳を打ち込んだとき、水は拳を回り込んで何の被害も受けなかった。人生と武術について、父はおだやかさと柔軟性の重要性を力説していました。

強風に見舞われたオークの大樹と竹の話で師傅から教わった教訓も、父はよく語っていました。硬直した心や姿勢が学習や成長を阻害し、ストレスや不満をもたらすのと同じように、オークの木の硬さが最終的に死をもたらすのだと。考え方や状況への対応に柔軟性を欠けば、成功や成長、喜びにつながる選択肢を狭めてしまう。

では、どうすれば柔軟性を失わず、機敏に対応し、平静を失わずにいられるのか。秘訣のひとつは積極的に参加し、いま何が起きているかを意識して柔軟な対応に努めることだと、すでに私たちは知っています。武術の喩えを見てみましょう。

格闘では、不意を打たれてバランスを崩さないよう、しっかり集中してなめらかに動く必要がある。さもないとノックアウトです。相手の突きを避けブロックするには、向かってくる拳に反応しなければならない。葉問（イップ・マン）は若いころのブルースに猛練習をうながし、自分のことは忘れて相手の動きを追うよう諭しました。水のようになるとは、環境や戦う相手に合わせて変化すること。つまり、柔軟であるということです。

しかし、人生全般においてはこの概念がどう当てはまるのでしょうか。水のようであるとは〝流れている〟という意味です。まず、いまという瞬間に集中し、意識していること。次に、順応性と機動性に富んでいること。人生が投げつけてくることに対処するとき、意識を維持しつつ、水が障害物を回り込むように問題を回り込めたら助かるのではないですか？　無我の境地を表す〝フロー状態〟という現代的な用語を父が使ったことはなかったけれど、〝流れる〟

ことについてはよく話していました。水のようであることはグンフーのメタファーをはるかに超えて、人生全般に当てはまる指針的哲学となったのです。そして、新しいことを学び、障害を乗り越え、最終的に真実の道を見つける際、その哲学を活かしてきた。

父は自分の取り組み方に〝生きている水〟という概念を用いいました。なぜ〝生きている〟と限定するかといえば、よどんだ水たまりの話をしているのではないからです。停滞した人生を育もうとしているのではありません。父の書き物には、川の流れや大海の波といった概念がたびたび登場します。父が言ったように、「流れる水のように、人生は永遠の運動」なのです。

人生はつねに動いている。動きを止めることはけっしてない。毎日の決まりきった日課にさえ微妙な差がある。タイミングや心の状態、状況にちがいがある。今日は五分早く家を出る、明日は頭が痛い、友達と喧嘩した、雨が降っているかもしれない、恋に落ちるかもしれない。一日として同じ日はないのだから、どの日も同じように臨んでいては、人生に積極的に関与することはできません。自分の経験を振り返って意識することもなくなり、微妙に変化する人生に臨機応変な姿勢で臨むことができなくなる、つまり流動的でいられなくなるのです。私たちは数多くの要因から影響を受けながら生きています。日常の些細なことにさえ対応や反応は日々変わります。自分の生き方や人生のあり方に厳格なルールをつくったり、勝手な決めつけをしたりしていると、いつか厄介な目に遭うでしょう。とくに、いきなり人生が変化球を投げつけてきたようなときには。

ギリシャの哲学者ヘラクレイトスに〝誰も同じ川に二度足を入れることはできない。なぜなら川はつねに変化していて、人もつねに変化しているからだ〟という言葉があります。私たちは日々移ろい、周囲の状況も異なる。同じような状況に遭遇しているように見えても、同じではない。一定不変のものはひとつとしてない。つねに微妙な機微がはたらいています。人生が複雑なのは、あらゆる瞬間、あらゆる状況、あらゆる困難が新しいからで、それはごくわずかなちがいかもしれないけれど、だからこそいまに集中して柔軟に対応する価値がある。

截拳道（ジークンドー）（ＪＫＤ）という武術を創始したとき、父は細心の注意を払い、これに付随する深い哲学理念を打ち立てました。この理念は身体だけでなく心と精神にもはたらきかけるもので、単なる手順の訓練やおざなりな鍛錬を防ぐうえで重要な構成要素でした。ＪＫＤには決まった形がなく、型にはまらない動きを重んじます。現状に瞬時に対応して動くため、相手は何が起こっているかわからない。ＪＫＤに付随する哲学は、練習する人を流動的な「いま」に根づかせ、柔軟性を保ち、自分から動くことも変化に対応することも可能にしてくれます。取り組みの姿勢にじゅうぶんな機動性がなければ、変化には対応できません。

あらゆる活動には理由があってしかるべきだ。私は武術に哲学の精神を吹き込みたい。だからぜひとも哲学を学んでほしい。哲学があるからこそ私のジークンドーは武術界にあらたな領域を切り開くのだ。

父がジークンドーの概念に着手したのは一九六五年ですが〔正式に名づけたのは一九六七年〕、この概念を書物のように永続的な形で残すことについては生涯悩んでいました。自分の構想を正確に活字に表すに至れなかったのは、自分の武術は変化と進化が可能な生き物であり、活字になったものがすべてだと弟子たちに思ってほしくなかったからでした〔この点は私も同感です〕。弟子たちが学びの過程に独自の経験を持ち込もうとしなくなることを恐れたのです。父は技術の図解写真を数多く撮り、何ページにもわたって戦いについての考えをしたためましたが、結局、出版には踏み切れなかった。固定化してしまったり、独自の経験を掘り下げようとしない〝敬虔な〟信者をつくり出すのを避けたかったのです。

それでも父の死後一九七五年には、母と「ブラック・ベルト」誌のミト・ウエハラが父の教えと思想を保存するため『*Tao of Jeet Kune Do*』〔邦題『秘伝截拳道への道』〕という本を出版しました。単なるハウツー物ではなく、読者に自分で考え探求してもらえるような本づくりに細心の注意を払いました。何に取り組むにも心を開いて柔軟でありつづけてほしいというブルース・リーの遺志に忠実な姿勢が、彼の友人と家族に根づいていたことがよくわかります。その後、ハウツー本がいろいろ出版されましたが、『秘伝截拳道への道』はとても抽象的でありながら、いまなおこのテーマを扱った代表的な書籍です。その抽象度の高さこそが、父の水の原理を美しく反映しています。読者を縛ろうとせず、むしろ読者が積極的かつ柔軟に自身を理解するプロセスに関与できるよう配慮していたからでしょう。

適度な緊張感を持つ

ジークンドーで最初に教わることにオンガードポジションがあります。

> オンガードポジションはあらゆる技術の中で、機械的な攻撃に対しもっとも有効な構えである。完全な脱力を可能にすると同時に、素早く反応するためにもっとも有利な緊張を筋肉にあたえてくれる。なによりオンガードポジションは〝適切な心構え〟でなければならない。
>
> ――ブルース・リー著『秘伝截拳道への道』

オンガードポジションは父が〝始動の構え〟と呼んでいたもので、いつでも、どんな動きにも点火できる姿勢です。父の構えはじつに独特でした。それは物理学と生体力学の法則のみならず、多くの格闘技、とくに詠春拳とボクシングとフェンシングの特性に基づくものでした。

ブルース・リーのオンガードポジションはリラックスしながらも活発です。とぐろを巻いた蛇のように後ろの足の踵を上げ、瞬時に押し出して攻撃する準備を整えていた。手足から力が抜けていても、だらりとしているわけではない。膝を曲げ、腰幅くらい足を開く。自然に歩いているときのような距離で、後ろの足の爪先を前の足の甲に向けて安定の三角形を形づくり、後ろや横へ倒されにくくする。つまり、動きやすく安定感があり、リラックスしながらも準備ができている状態です。

映画の父を見ていると、よく相手の前で軽く跳びはねています。父独特のステップです。敏捷なフットワーク。すばやく前へ出ることも、横へよけることも、後ろに下がることも、斜めに動くことも、瞬時にできる。動きながらも前述の構えがほぼ維持されていて、いつでも攻撃を打ち込むことが可能です。

父は自分の構えについて、「基本的なポジショニングが土台」と書いています。人生への取り組み方も同じではないでしょうか。いい土台とは、どんな方向にも臨機応変に動ける力強い姿勢を持つこと。瞬時に効率よく反応できるような、リラックスと緊張の絶妙なバランス。いつときも踵に体重がかからず、すんなり楽に移動でき、正しい姿勢にすぐ戻ることができる。

「精神的にも身体的にも、自分をすんなり効率的に動かす」ことができる。これが生き生きとした人生を送れる姿勢です。

考えてみれば、水はつねにリラックスしていて準備ができています。〝水門を開く〟という言い回しを考えてみてください。何らかの障害物に堰(せ)き止められているとき、水はおだやかに機をうかがい、しかもすぐ動きだす準備ができている。障害物が取り除かれると一瞬のためらいもなく、たちどころに突進する。動いているあいだも、周囲の環境に苦もなく対応している。流れる川に丸太を投げ込むと、水はそれに適応する。前後左右に広がり、下へ潜り、あらゆる裂け目や亀裂にはたらきかけて、通り抜ける道を見つけたり、周囲や内部に生態系をつくり出したりする。水は反応して生き生きとしています。

水が〝注意をはたらかせている（オンガード）〟ためには、適度な緊張(テンション)を維持する必要がある。緊張というと、首や肩の凝り(テンション)や関係の緊張など、ネガティブに捉えられがちですが、じつは、生き生きとした状態を保つために必要な構成要素なのです。比喩としての〝オンガード〟ポジションを人生に当てはめるには、生き生きとした状態のバランスを取る必要がある。ピリピリしたり力んだりするくらい緊張する必要はないが、だらけて反応できないくらいゆるんでしまってもいけない。自分の人生にしっかり関与したいという個人的欲求に基づいた警戒レベルが必要になる。適度な若干の緊張。水門が開くと同時に流れだして通り抜けられるくらい集中を切らさず、柔軟性を失わず、つねに積極的に関与していることが重要です。

目的を持つ

誰もが知りたくてたまらない疑問のひとつに〝私の生きる目的は何か？〟があります。この人生で私は何をすべきなのか。どんな足跡を残すことを運命づけられているのか。いちばん大切な仕事は何か。この人生は何のためにあるのか。父はよく言っていました。人生でもっとも大切な仕事は「自分自身であること」だと。父の言葉を借りれば、それは〝自己実現〟、つまり自分の可能性を最大限に発揮することです。あなたが何をするか（教えたり、スポーツをしたり、お腹を空かせた子どもたちに食事を提供したり、法を執行したり、本を書いたり）や、何者であるか（親、伴侶、パートナー、よき師、芸術家）といった外的な条件は、自分をどう表現するかに比べたら、さほど大事なことではありません。大切なのは、あなたはどんな生き方をしているか。〝体現〟という言葉がこれに当たります。考えや訓練、価値、概念を体現するとは、それを自分の生き方に組み込むことです。あなたの生き方は行動によって表現される。優しさが大事と言いながら、実際に人に優しくしていなければ、優しさの価値を体現できていないことになる。

自己実現とは人生を歩みながら可能なかぎりのレベルで気持ちを奮い立たせ、自分の最大の可能性に手を伸ばし、外へ向けてそれを表現することです。趣味や仕事、人との関わりなど、自分の可能性を表現することに決めた場が、あなたの光を輝かせるための乗り物です。あなたの目的が、可能なかぎり最高の能力を発揮している楽しい自分でいることである場合、あらゆる瞬間が目的達成の機会になる。その旅は終始、刺激に満ちています。目的を持ち、本当の自分を表現することに全力を傾けているときは、困難でさえ御しやすくなる。

父は生涯をかけた自己実現というプロセスを奨励しました。実現とは〝現実にする〟こと、よって自己実現とは自分自身を現実にすることに他なりません。それには己を知り、水が自然に流れるように巧みに自分の独自性を表現すること。そうすればその独自性は自然とあなた自身から流れ出してくる。水のあり方を考えてみてください。水は水以外のものになろうとしない。水のようであるとは、嘘偽りのない本当の自分を発見し、それを体現するプロセスに積極的に携わることなのです。

簡単そうですよね？　はい。でも、自己認識と発見の道を歩みはじめたとき、しばしばあなたは自分自身に誠実でないことに気づくかもしれません。もしかしたら、周囲の人たちに対してまで。しかし何事もそうですが、カンフーのレッスンを一回受けただけでブルース・リーになれるわけではない。一度のレッスンでコンサートピアニストにはなれません。自分自身をしっかり棚卸ししてまとめ上げる作業なくして、最高の自分を表現することはできません。内面と外面を一致させるには努力が必要なのです。

生まれたとき私たちは自然と心を開いていて、周囲を感知してはそのつど対応している。そんなエネルギーに満ちた小さな生き物だったのに、世界を泳ぎ渡る術（すべ）を教わるにつれ、あっちやこっちを向きはじめる。おびただしい数の他者から影響を受け、泥沼にはまってしまうこともある。このようなある種の洗脳（プログラミング）は、成長過程で世の中について学び、正しいルールを知り、そこを泳ぎ渡る方法を身につけるうえでの自然なプロセスともいえます。身を守り、必要なものを手に入れ、生きていく方法を知る必要があるからです。しかし、この過程で私たちは外からの影響によって自分の本質から切り離されていく。世の中に順応していくうち、自分の個性をどう主張すればいいか忘れてしまう。自然なあり方や自分の魂に声と表現をどう向けたらいいかを忘れてしまう。だから、成長の過程では意識することと注意を忘れず、自分が本来持っていたもの、自由で表現力に富む本来の性質を取り戻すために、意識的に「本来の自分に戻る練習」をする必要があるのです。

水にはこういう問題がありません。波は岸に上がる方法を思い出さなくていい。川には山を彫り刻んでどう峡谷に変えるかを考える必要がない。湖は魚や植物に命をあたえる練習をする必要がない。水はただそこにあるだけで、人が生まれながらの自分に戻る道しるべになってくれる。そしてある日、自己実現を果たしたとき、私たちもまたこの素朴で自然な自由を達成（奪還）できるのです。

全体性

父にとって陰陽はとても重要な概念でした。自分の武術のシンボルにも陰陽を表す太極図を使っています。陰陽の哲学にも造詣が深かった。陰陽の理解と体現をテーマにいろんな本が書かれ、運動が起こり、学派が生まれてきた。この先もこの話が出てきますが、まずは、全体性を表すこのシンボルの理解から始めましょう。

西洋では陰と陽を対立する概念と捉えがちです。熱さと冷たさ、若者と年寄り、背の高い人と低い人。でも東洋では、陰陽は対立する概念ではなく、たがいに補完し合うものと考えられています。じつは、このふたつは一体となってはたらく全体を表しているのです。よく考えてみれば、熱さと冷たさは温度という経験全体の両端にすぎません。熱さがなければ冷たさもなく、逆もまた然り。さらにいえば、この両方がなければ温かさや涼しさという適度な喜びもない。

水も同じです。水はおだやかでありながら、力強くもある。柔らかいが、強くもある。流れていくが、深くもある。人生も同じです。喜びもあれば悲しみもある。美しさもあれば醜さもある。面白いところも恐ろしいところもある。これらは経験という全体の両極です。その半分に抗えば、その大きな報酬やバランスの取れた満足感には到達できないかもしれない。しかし、これら両極が相互に作用しながらバランスを取るとき、そこには平安と調和が生まれます。安らぎを得ることができるのです。

ですから、私たちが「人生」と呼ぶものを存分に味わえる方法を探しましょう。私たちと人間性が形づくる生態系全体に目を向ける。そして、私たちは水のように速く流れることもゆっくり流れることもできることを思い出しましょう。その過程で、自分に優しくしながら激しいトレーニングもできる。自己実現と完全性へ向かって流れていく旅は、軽い気持ちで始められるものではありません。それには細心の注意が必要です。しかし、成長するにつれて、あなたを本当のあなたにするさまざまな要素が流れるように相互作用するさまが見えてきます。さらには、それを実際に体験しはじめる。

父は哲学的な随筆の中でこんなことを書いています。

宇宙全体は陽と陰、つまり正と負のふたつの原理で動いていると中国人は考えた。生物であれ無生物であれ、この世にあるものはすべてこのふたつの絶え間ない相互作用がなければ存在しないのだと。陽と陰、物質とエネルギー、天と地は、本質的に〝ひとつのもの〟、あるいは、不可分の全体に共存するふたつの極と受け止められている。宇宙は本質的にひとつであって永遠のサイクルを描くという哲学であり、すべてのちがいは平準化され、基準は相対化され、あらゆるものの源である神の知性へ戻っていくという哲学なのだ。

では、宇宙という広大な池に爪先を浸したところで、もう少し深いところへ分け入りましょう。さあ、どうぞ。水は全然かまわないそうですよ。

第二章　空のコップ

コップの有用性は空っぽなところにある。

心を空にする

父が一九七一年に截拳道について書いた文章は、読者に先入観を抱かせないよう禅についての寓話から始まっています。彼が言わんとしたのは、当時の武術にとってはきわめて型破りな内容だったからです。彼はこのように書きました。

どこかの学者が禅師を訪ね、禅について質問した。禅師が答えているあいだ、学者はたびたび話の腰を折った。最後に禅師は話をやめ、学者のためにお茶を淹れはじめた。茶碗いっぱいになるまで茶をそそぎ、流れ落ちてもそそぎつづけた。「もうじゅうぶん」と学者はここでも遮った。「それ以上は入らない」と。「そのとおり」と禅師は答えた。「あなたの中は自分の意見でいっぱいになっている。まずあなたの茶碗を空にしなければ、どうして私の茶を味わうことができましょう」

この〝学者〟が禅師の話を呑み込めないのは、語られる情報を自分の持つ情報と比較して判断しているからです。換言すれば、しっかり耳を傾けていない。彼の頭（彼のコップ）は自分の視点でいっぱいになっていて（禅師の言うことを全部それで測って評価し）それ以外のものを何ひとつ招き入れようとしていない。禅師はコップから水をあふれさせることで、しっかり耳を傾けて新しい情報を取り入れるためには、すでに知っているつもりのことを手放す必要がある（コップを空にしなければいけない）と気づかせたのです。

本書冒頭の〝水になれ〟の引用は〝心を空にしろ〟から始まります。この最初の要求（リクエスト）はおそらく、私たちが踏むプロセスでもっとも重要なものでしょう。それが次の段階への準備を整えてくれるからです。この行為、つまり先入観や思い込みの重荷を捨てること自体に解放のパワーがあると父は信じていました。しばらくは、これに積極的に取り組むだけでも人生の幅が格段に広がります。

中立状態を見つける

心についての最初の議論になりますが、空っぽ（エンプティネス）とは心を開いた中立状態を意味します。学んできたあれこれについての考えや情報と、それをどう感じているかで頭が満杯になっていると、他のものの入る余地がありません。新しい可能性や視点の取り込みを放棄し、みずからに制限をかけてしまっている状態です。新しい情報を学ぶには、まずそれを入れる余地をつくっておかなければならない。

心を空にするとは、これまで学んできたことを全部忘れるとか、信じていることを全部手放すということではありません。自分の思い込みにとらわれず新しい何かを熟慮する意欲を持って、それぞれの会話や交流、経験に臨むべきだということです。いまこの瞬間に遭遇している体験を存分に味わうためには、知っているつもりでいること、信じていることを一瞬でいいから手放す必要がある。真実と思っていることもまだ完全な真実ではない可能性を考えて、別のものを入れる余地をつくりましょう。信じていることがじつはまだ発展途上で、学習と成長につれて変化や進化を遂げる可能性だってあるのですから。

そんな状況にあってこそ、夢にも思っていなかったことを発見できるかもしれません。たとえば医療の世界。新しい情報やアイデアがどこかにあるという可能性を考えずにいたら、いまでも喫煙は健康によく、ポリオは不治の病だと信じられていたかもしれない。だから、これは大事な考えです。受け入れの態勢をつくるには、心を開き、これまでの好みや信条や判断に惑わされないことが必要になる。新しいワクチンが見つかるかどうかわからなくても、発見の可能性を受け入れなければ知識は広がらず、人間としての成長を妨げたり遅らせたりもするでしょう。

実際、父はこう示唆しています。絶対的な思い込みは心の最悪の病であると。「負と正の中立点に立てば、もうどんなものにも心が偏ることはない。空っぽとは〝これ〟と〝それ〟の中間に立っている状態だ。賛成も反対もない。〝賛成〟と〝反対〟の戦いは心の最悪の病なのだ。好き嫌いをなくせば、そこですべてが鮮明になる」

自分の好みや信条が毎日の一瞬一瞬にどれだけ影響を及ぼしているか、考えてみてください。一日を過ごすあいだ、私たちは証拠集めの名人になっています。それは、誰もが自分の〝科学捜査番組〟を持つべきではないかと思えてくるほどに。信条や好みがあるせいで、私たちはあちこち歩き回って自分の正しさを裏づける証拠を集めています。もし私が恐れを抱いたままパーティ会場へ入ったなら、自分の正しさを証明するため無意識的にそうした懸念の証拠を集めてしまうことでしょう。パーティには確かに恐ろしいこともいろいろあるでしょうが、恐ろしさを強く警戒しているがために都合よくそれを見つけてしまい、楽しいところや面白いところがまったく見えなくなる。私たちはたえず自分の正しさを証明しようとしています。自分が正しい必要があるとき、人は自分の視点を裏づけるものしか受け入れなくなるのです。

では、その証拠が集まらなかったときはどうなるか。つまらないと思っていたことが楽しかった場合（たとえば、パーティが思ったほど悪くなかったとき）、うれしい誤算と片づけるか、ただ運がよかったと思うかです。逆に、楽しいと思っていたことがつまらなかったときは、急に世の中が理不尽に思えてくる。大きな期待を胸に向かったパーティが悪夢のような体験に終わったとします。心は傷つき、二度と同じようなパーティには行かないと誓うでしょう。面白いことに、期待に反してネガティブなことが起こったとき、私たちのほとんどは、自分の考えが足りなかったとか自分にも責任の一端があるなどとは考えず、ひどい目に遭ったと思うものです。

しかし、何の予測もなしにそのパーティへ行ったらどうでしょう。恐れを抱かず、人生最高の時間になる期待もしていかなければ、パーティはそのときのパーティにすぎません。楽しめたのはどこで、楽しめなかったのはどこか、あとから客観的に評価できる。そこで起こる出来事にそのときどきで対処する。ストレスはない。自分が楽しく過ごせているかをたえずチェックする必要もなく、全神経をその場、その瞬間に集中できる。中立的で、かつその場に積極的に参加していて、頭に余計なものは入っていない状態です。

もちろん、催しへの出席くらいなら、さほど危険度は高くないでしょう。しかし、もっと大きな緊張をはらんだ、深刻な話だったらどうでしょう。人生の難しい選択をしなければいけないときだったとしたら？　あるいは、自分によい影響をあたえるのはどの人で、悪い影響をあたえるのはどの人かを見極めなければならないときだったら？　何事にも賛成でも反対でもないとしたら、どう判断を下せばいいのでしょうか。

選択なき気づき

前にオンガードポジションの話が出てきましたね。どんな状況に直面しても落ち着いて準備ができている、例の姿勢です。始動の構えと同様に、人生にもまた、あのような落ち着いた中立的状態であるはずだと考えてみましょう。私たちが養おうとしているものを、父は「純粋に見る力」と呼んでいました。〝純粋に見る〟とは、いま経験していることに好みや意見を投影しないという意味です。そうすることで、出会った出来事が〝真実〟、つまり客観的な総体としての〝現実〟になる。何もかも善悪や正誤の秤(はかり)にかけるのでなく、みずからが精度のよい感知装置となり、全身全霊でその経験を受け止めることです。心や先入観、あらかじめ下した評価などに意識が向きすぎると、あなたの一部が経験全体から切り離されてしまう。でも、一歩立ち止まって、いまある経験を丸ごとみずからに感じ取らせてあげれば、新しいことを体験できたり、すでに知っていることがより豊かになったりするかもしれません。

何事にも執着せず、物事をあるがままに見ること。蓄積してきた汚れを全部かき落とし、裸の状態で実相を明らかにする。先入観という重荷を捨て、この先出会うあらゆる人と出来事に心を〝開く〟こと。周囲で起こっていることをおだやかに見る。ただ純粋に見ることで、一部ではなく全体が見えてくる。

このプロセスを父は「選択なき気づき」と呼んでいました。お気に入りの哲学者ジッドゥ・クリシュナムルティから取り入れた言葉です。周囲や自分の内側で起こっていることを決めつけず、選択もせず、そこから勝手な物語をつくり出すこともせず、しっかり全部を意識している状態です。あるがままのそれを見る。そうすれば、一部でなく（限られた部分でなく）全体を余さず体験することができる。

迷惑に思っている人が話しかけてきたとしましょう。面倒な人だから、相手が口を開く前から煩わしい思いをすることを覚悟します。しかし、その予断を捨てて心を開き、そこで起こることを全部受け止めたらどうなるでしょう。一歩引いて、何の決めつけもせずにその人を観察できたら、自分が何を迷惑と感じているのかを特定できるかもしれません。それだけでなく、なぜそれが迷惑なのかがわかるかもしれない。さらにいえば、その過程で自分について発見があるかもしれない。

相手に心地よさや安心やつながりを感じられるようになるためには、あなたの内側に深めるべき理解があるのではないですか？　その人の身になり、自分と同じように悩んでいる人と見ることができますか？　相手にもその人を取り巻く状況がいろいろあって、それへの対処法を培ってきた結果、いまのような人間関係に至ったのかもしれません。好き嫌いをやめ、ひたすら観察すれば、大きな情報を得られるかもしれない。

　選択なき気づきには、もうひとつ考慮すべき事柄があります。父はそれを「思考の不在」と呼んでいました。これは、物事を考える過程で単一の思考に流されない、ということです。特定の考えにとらわれて堂々巡りし、他の感覚が入ってくるのを阻害してはならない。だから、迷惑な人が迷惑なことをしたときも、そこにとらわれてはいけない。〝ほら、また面倒なことを言ってきた。まったく、どうしていつもああなんだ。どんなに迷惑かわからないのか。愚かなやつ〟――こうなると、もうあなたはあるがままの状況には集中していません。迷惑という逃げ場のない箱に閉じ込められ、もはや〝純粋に見る〟ことができず、状況全体に中立的な意識を持つことができない。するとどうなるか。もう、楽しく過ごすことはできないでしょう。

　でもこれは、面倒な人と面倒な状況で過ごし、それを好きになれという意味ではありません。あなたには異なる経験をするチャンス、視点を変えるチャンスがあるということです。受け取った情報を使って自分をもっとよく知れば、それを機に、自分にはどんな先入観があって、自分に特定の反応を起こさせるものは何なのかが、わかるかもしれません。どんな行動を変える必要があり、どの部分を直す必要があるのかが見えてくるかもしれない。つまり、負のエネルギーを外へ向けるのでなく、自分のためのエネルギーに変えるチャンスを得られる、ということです。

父はこんなふうに言いました。

完全に心を開き、責任を持ち、意識をはたらかせ、溌剌とした人間になるには、外の世界や自分の内面に力をはたらかせたいとか、指図したいとか、締めつけたいといった欲求を捨てる必要がある。〝自分を空にする〟と言ってもいい。これは否定的な話ではなく、受け取るための開放性のことなのだ。

ここを軸足にすることで、私たちは自分自身を理解し、自分の魂と一致するものは何かを理解しつつ必要な判断を下せるようになるでしょう。思いやりが深くなり、ありのままを受け入れられるようにもなる。ここからさらに多くの可能性を手にすることができるのです。

正しいも間違いもない

私たちは決めつけをしがちな人間、とりあえずそう認めましょう。いまあなたは決めつけをしないよう努力しているかもしれないし、だとしたらそれはよいことです。それでもたまには偏った判断をしているのではないですか？　私もそうです。でも、決めつけをしない練習をし、中立的な姿勢の維持に努めれば努めるほど、自由に、心おだやかにこの世を歩むことができます。

決めつけとはどういうことか。それは人や物事を正誤や善悪、好き嫌いといった基準で測ることです。なぜそれが私たちの前進を阻むのか。まず、ジャッジ（judge）が意味する「審判、裁き、判断、予断、決めつけ」とディサーン（discern）が意味する「識別、見分け、見定め、見極め」のちがいを見ていきましょう。

従来的な意味での〝審判〟は裁判所や判事が下す結論や決定のことです。最古の裁きは聖書に由来し、たとえば、人間を罰するために神が送り込む嵐や疫病もそれに類するでしょう。これに対して〝見極め〟は、結論よりプロセスに重きを置く。何事かにしっかりした見識をあたえる能力です。

人生で断を下す必要があるときは、もちろん、いろんなことを考慮する必要がありますが、そのときどんなアプローチを取るかで大きなちがいが生まれます。決めつけは私たちの姿勢を硬直させる。これに対し〝見極め〟は理解することを目的として認識することです。決めつけが足かせになるのは、他の選択肢の検討を制限するからです。人を分断することにもなる。何かや誰かが正しいとなれば、他の何かや誰かは間違っている、となるからです。これに対して見極めは、誰かを非難することなく、入手可能な全情報に基づいて行われる選択のことです。

このふたつのちがいがなかなかピンと来なくても、こう自分に問いかける癖をつけてみてください。「いま私は決めつけをしているのか、それともいま何が起こっていて自分がどう感じるかを理解するために情報を取り込んでいるのか？」意識が高まってくると、ふたつのちがいを感じられるようになります。決めつけを自分に巣食う強硬派、自分から物事を遠ざける盾と感じるようになる。一方で見極めは、選り分けている砂金を洗い出してくれる水のようなものに思えてくるでしょう。情報をふるいにかけるときは、たくさんの孔から水を染み込ませて流れをよどませない必要があるのです。

ドン・ミゲル・ルイス著『四つの約束』は私のお気に入りの本です。読みやすく美しい文章で、実用性も高い。その主題は、思い込みを捨て、物事を個人的には受け止めないこと。このふたつを達成するにはどうすればいいか。書名が示唆するように、あなたは世界と向き合うにあたって自分自身と一定の約束を交わす必要があります。父も示唆しているように、何かにつけて白黒をつける癖をやめるということです。

咎め立てするな。正当化するな。真の理解には、比較や非難の感覚を排除した「選択なき気づき」の状態がなければならない。賛成や反対の審判を下すために状況のさらなる進展を待つなど論外だ。意識は干渉を受けず自由な活動を許されたときにしか機能しない。なにより、結論から始めてはならない。

〝賛成や反対の審判を下すために状況のさらなる進展を待つ〟とき、人はすでに自分の思い込みや信念に基づいて一方的に判断を下そうとしています。自分が下した判断の証拠を探している。学者と禅師の話がありましたね。あなたのコップはすでにいっぱいになっている。あなたの意識は比較や非難という限られた枠組みに押し込められている。もはや流れながら見極めているのでなく、審判を下して飛びつく瞬間を待っている。それで気持ちがいいですか？　精神的に疲れませんか？　ペナルティキックを止めようと緊張しているゴールキーパーのようではないですか？

エックハルト・トールは著書『ニュー・アース――意識が変わる 世界が変わる』でこう言

っています。〝不幸のおもな原因は状況ではなく、状況についてのあなたの考え方にある。自分が考えていることに注意してください。状況から考えを切り離すこと。状況はつねに中立で、ただそこにあるだけです〟

同じように父も、いちばん大事なのは人が困難な状況にどう反応するかであって、状況そのものではないと考えました。

大きな目標やその達成には大小問わず、かならず障害物が出てくるものだ。大事なのはその障害物に人が示す反応であって、障害物そのものではない。立ちはだかる困難にはひとつの意味しかなく、それはその困難にどう反応するかだ。

私たちの最高の喩え話〝戦い〟に戻りましょう。あなたは慢心し、勝利を確信して戦いに臨む。自信に駆られ、しばらくは申し分ない動きをする。そこで顔面を打たれる。動揺するかもしれない。自信が揺らぐかもしれない。いずれにせよ、何かを感じる。その感情にとらわれて現状に集中できず、感情に乗っ取られてしまう。怒ったり、不安に駆られたりする。感情に身体が反応する。怒りにまかせて大振りする。あるいは、恐怖に駆られて攻撃をためらう。相手の調子がよければここぞと攻め込んでくる。集中力が途切れたあなたの太腿にすかさず蹴りを浴びせる。まずい。思い描いていた展開ではない。あなたは浮足立ち、不安に陥って、ミスを犯しはじめる。もはや思い描いていたプランと現実は一致していない。そして強烈な追い打ち。万事休す。

あなたは既定の結論を頭に試合に臨んだわけです。自分が勝つ。自分のほうが強い。ところが顔を打たれて動揺し、戦いに集中できなくなった。不安に陥り、思うように動けず、状況についていけなくなった。恐怖が忍び込み、練習してきたことや戦闘ツールがどれひとつ役に立たない。使える状態ではなくなったからです。あなたは〝こうなるはず〟に執着し、そうならなかったとき途方に暮れてしまった。

でも、そんなときに自分を責める必要はありません。人は迷うもの。よくあることです。目標は、早く我に返って迷いを断ち切ること。正しいも間違いもないのですから。あるのは、いま起きていることと、あなたの反応だけなのです。だから、魔法のような万能の解決策を考え出そうとするのはやめましょう。人生にあらかじめ出来上がった完全無欠の行程表はないのです。私たちが抱く大きな構想やアイデアには〝ここ〟と〝いま〟しかありません。

あるがままの現状を見る

第一章で「いまという瞬間に意識を集中する」課題を取り上げましたが、これは重要な概念なのでこのあと何度もくり返し触れていくことになります。本書全体がこのトピックひとつについて書かれていると言ってもいいほどです。マインドフルネスのような活動はどれも、いまに意識を集中することが目標です。そして、私たちの空のコップ、中立的で機動力に満ちた構えも、この「いまという瞬間に集中する」ことから始まります。

こうした考え方に慣れていない方のために、簡単な枠組みを設定しましょう。この瞬間に集中するとは、いま起こっていることにしっかり意識をはたらかせ、そことの接触を維持すること。たとえば、あなたの心を過去に投げ、いましていることと昨年やった同じようなことを比べてはいけません。また、未来へ飛び込み、午後や来週に何をするか考えたり、いま経験していることがあとでどう役立つのかを考えたりもしないこと。マインドフルネスの実践とは、この瞬間に意識を集中し、それを余さず経験することです。

私たちは人間なので、とくに、いまに集中する練習をしないといろんな考えが頭に浮かんで気がそれてしまいます。そうした考えが余計な感情を生み、その逆もある。その感情からさらに、感情についての考えも生まれるかもしれない。よくあることです。それどころか、それ以外の状況がありえるなんて考えもしなかったかもしれません。だから、考えや感情もまた抑えつけるのでなく、この瞬間にとどまりながら、ただそれに気づき、受け入れ、通過させてやる。

コップを空にするとは、現在のために過去と未来を手放すことです。いま起こっていることに立ち会いながら、感情や思考、身体感覚をそっと受け取って認識するとき、あなたは父が〝ありのまま〟と呼んだものに触れています。いま起きていることにじっくり立ち会っている。〝いまこの瞬間〟はたえず変化しているので、コップが満たされているときは継続的にそれを空にする必要がある。この瞬間にたえず接触していれば、経験しているあいだコップは自動的に満たされては空になる。新しい瞬間が新しい瞬間にたえず置き換えられていくのです。

厳しい注文だと思いましたか？　そのとおりです。とくに最初のうちは。大多数の人にとってはどの瞬間にも意識を集中しているなど不可能に近いことですから、パニックに陥らないでください。修行を積んだ仏教徒やヨガ行者でも一日二十四時間ずっと集中しているわけではない。これは練習であり、私たちには練習が必要なのです。練習のポイントを挙げるなら、可能なかぎり、とくにとても苦しいときにそこへ戻れるようになること。そうなれば時間の大半がその状態になる。例外的な時間ではなくなります。

父も意識と落ち着きをたえず維持していたわけではありません。でも、その利点を理解していました。じつは、父は激しやすくせっかちで、感情に突き動かされて癇癪(かんしゃく)を起こすこともありました。思うように事が運ばなかったとき、最大限意識をはたらかせずに状況に臨んだとき、彼はどうなったか。動転しました。それが普通の人の反応です。ただし、彼はその感情を感じるだけ感じ、そこでしばらく静かになる。この意図的な心の静けさこそ、父が「コップを空に」した瞬間だと私は考えています。全体像が見えてくるよう心を静めて中立状態に戻り、そこからふたたび動きだす。川の水が小さく渦を巻いたあと、ふたたび流れだすように。

心の功夫(カンフー)

では、どうすれば中立状態になれるのか。あの肉体を見れば明らかですが、父は運動マニアで、日常的に身体だけでなく心も鍛えることを大切にしていました。頭の中での計算や熟考といった無形の行為を、私たちは肉体とは別事と考えがちですが、心と身体はつながっていて、考えや感情は身体の健康とつながっています――そんな証拠が科学研究でどんどん見つかっているのです。とりわけ腸と脳の関係については数多くの研究が行われ、ストレスと免疫系の関係をあつかう心理神経免疫学という研究分野もあるくらいです。でも、ここでは誰もが共感できる、より一般的なアプローチを取りましょう。

心と身体の関係を理解する簡単な方法があります。ネガティブな考えを持つと気分が悪くなる。気が重くなり、気疲れし、イライラする。心拍数が速くなったり、眠れなくなったり、朝起きられなくなったり、憂鬱になったりする。考えに身体が反応するからです。逆に楽しいときは活力が湧いてくる。気分爽快。普段より仕事が進む。高らかに笑う。心と身体には明確な相関関係があるのです。だから、身体の状態を整える利点を理解できるなら、同じように心の状態を整える利点も考えられるはずです。

じつは、私たちの心はすでに条件づけされています――これまでに読んだもの、これまでの育ち方、属している文化、遊び仲間、勉強していることなどから。しかしあなたは、そのことを何ら意識せずにいて、その条件づけに自分が果たす役割を理解していないかもしれません。自分にはそれを制御する力があり、自分の心を新しい可能性に向けて条件づけし直せることがわかってきたらどうでしょう。負を正に変換できるかもしれません。恐れを熱意に変えられるかもしれない。失敗が夢へ続く道になるかもしれない。

父は身体の鍛錬に負けないくらい内面の鍛錬に力を入れていました。といって、微積分やクロスワードパズル、数独などに熱中したわけではありません。自分の考え、知性、想像力を意図的に、夢や思い描いている人生、達成したい目標、積極性、自分の理解を深めることへと向けたのです。顕在意識と潜在意識をいっしょに整え、意図的に心の筋肉を伸ばし、姿勢をより柔軟にし、目標の方向へ知見を広げていった。

父には自在に操れるツールが数多くありました。それにはまたあとで触れていきます。さて、この心の条件づけ（あるいは再条件づけ）は、心のチャンネルを開いて電波を受信する準備を整えることから始まります。心の騒音と雑音を一掃し、内なる対話のスイッチを切り、あらゆる予断を中止して全感覚器官のスイッチを入れる。そうして、しっかりといまこの瞬間に足を踏み入れる。

この心の再条件づけは難しそうにも簡単そうにも思えるかもしれませんが、実際にはその両方であり、またどちらでもありません。何事も習慣になり最終的に第二の天性になるまでには練習が必要なのです。では、何から始めたらいいのか。

まず、心のリーダーシップをとることは可能だ、と自分に言い聞かせる必要があります。自分は心の司令官になって、意のままに心を操ることができる。そう認めなければいけません。

この考え方にすんなり馴染めないときは、自分が反復と強化によって多くを学んできたことを思い出してください。九九もその方式で身につけてきたはずです。人が話しているとき勝手に割り込まないようになったのも、親からたえず言い聞かされたからでしょう。母語以外の言語の習得やレシピの再現法など、あなたは多くのことを教わったり独学で学んだりしてきたはずです。

それでも、私たちの大多数は自分の考えや感情、つまり姿勢をなかなか制御できないと感じています。あるいは、こうした制御やその責任を自分は放棄しているのではないかと、立ち止まって考えたことすらないかもしれません。では、私といっしょに、その気にさえなれば心の条件づけはやり直せるのだと認めましょう。これが、あなたという人間の可能性を発見して最大化する旅の大きな最初の一歩です。その一歩は小さな歩幅から始まります。すなわち、いまこのときあなたは何を考えているのか？

執着心

あなたは自分の考えに気づいていますか？　自分が考えていることに気づいていますか？自分の内なる対話を簡単に聞き取ることができますか？　ちょっと立ち止まって、自分の考えていることに耳を傾けてみてください。そこに注意を払えば、頭の中の対話は簡単に変わり、軌道修正できることに気づいてください。あなたの考えには〝クリーニング店へ服を取りにいかなくちゃ〟といった実務的で解決本位のものもあれば、〝間抜けなことをした、ガス料金の支払いを忘れるなんて〞といった自分への批判もあるでしょう。〝私、この服が似合う〞といった楽しい思いもあれば、〝凍死するときはどんな心地だろう〞といった奇妙な考えもあるでしょう。心の対話に耳を傾けることは、自分のコップに何が入っているかを意識し、最終的にその中身を養う最初の一歩になるのです。

自分の考えに耳を傾ける練習をしながら、自分の執着心に気づいているかどうか確かめてみましょう。どんな考えにあなたはくり返し戻っていくか。壊れたレコードのように、どんな思いがくり返し聞こえてくるか。自分はバカだと何度も自分に言っているか。他の人たちの装いをたえず気にして自分と比べているか。すばらしい芸術作品を生み出している人を見て、自分も生み出したいと思っているか。別のことをしていればよかったとか、人生のあそこで別の場所にいたらと思っているか。でも、何をすればよかったのか、どこにいればよかったのかはわからないのでは？

私も人との比較やネガティブな考えにとらわれていた時期がありました。自分が独身のうちに友人が恋をして美しい関係を築いたりすると、嫉妬から自己憐憫、絶望まで、さまざまな負の感情に苛(さいな)まれました。その人の幸せを喜び、自分も愛を見つけて楽しくなれるよう心を開くのではなく、なぜ自分にはよい人が現れないのかという思いに執着したのです。まるで念じればそんな人が現れるかのように。

父はこれを「貪欲な心」とか「執着心」と呼んでいました。武術を例にとれば、現状とは関係なしに思い描いていた戦略を実行しようと固執して、そこにはまり込むことがそれに当たります。策に走り、自分の鍛錬や戦略や感情によって心が渋滞を起こし、現実に展開している目の前の状況に対応できなくなる。自分で自分の足を引っ張っているわけです。身に覚えがありませんか。

あるときＵＦＣ〔アメリカ合衆国のプロ総合格闘技団体。世界各国でイベントを開催〕の試合を見ていたら、試合前に出場選手の短い紹介が行われていて、選手の一人が自分の試合プランについて語りはじめました。最初にこれをやり、そのあとこれをやり、これをやって勝つと。プランを事細かに説明しているのを聞いて、私は心の中で〝この人は負ける〟とつぶやきました。そして、そのとおりになった。その人が負けたのは、現実の試合ではなくどんな展開になってほしいかに心がとらわれていたからです。現実の試合が自分のプランからそれはじめたとき、試合の流れに逆らわずいまに集中する力がなかった。心が未熟で、いまという瞬間に適切に対応して軌道を修正し、結果を変える力がなかったということです。自分の予定や想定にはまり込んでそこから抜けられず、現実を見て受け止め、そこに対応することができなかった。いまこの瞬間に集中していなかった。コップがいっぱいになっていたのです。

自分の限界や区別を無視してたえず流れつづける、住み処を定めない心を持ちなさい。特定のどこかに心を定めようとせず、全体に充満させて、自分の存在全体に自由に流れるようにしなさい。心に貪欲さや執着を許してはならない。どうなるべきという観点から〝現状〟を見てはならない。感情や気持ちをなくすのではなく、心に執着や遮断がない人間になることだ。

くり返します。〝感情や気持ちをなくすのではなく、心に執着や遮断がない人間になること〟。あなたの感情自体や感情についての考えを否定したり、押し隠したり、避けて通れということではありません。感情を受け止め、それを認識して、協働する。感情が自分について何を教えようとしているかを理解する。感情に圧倒されたり、バランスを崩したり、罠にはまったりしないよう、どこに努力すべきかを示してもらう。そこにはあなたにとって有益な情報がある。その情報を受け取って、それに感謝し、前進を続けてください。

ツールとしての瞑想

父は十代から瞑想を始め、生涯にわたって何らかの形で瞑想を続けていましたが、これは意

外なことではないと思います。瞑想は、全体像を把握してあなたのコップを空にするために必要な空間を心につくり出すうえで、最適なツールなのです。欠かさず瞑想している人を私もたくさん知っているし、瞑想を好きになれない人もたくさん知っています。しかし、じつは誰もが何らかの形で瞑想を行っているのです。もうやり方を知っているのに、それに気がついていないだけで。父はときおり座禅を組み、開いた手を軽く膝にのせ、目を閉じて瞑想していましたが、別種の瞑想をすることもありました。でも、その話の前に、瞑想が役に立つ理由をお話ししておきましょう。

ここでの瞑想は、心をほぐして少し浮かせる方法と理解してください。これは空間をつくり出す練習です。つまり、いろいろな動機からあなたを解放し、本来のリラックスしたおだやかな自分の性質とつながる方法なのです。楽しい空想をしているときの心地と考えてもいい。目覚めてはいるが、心は何にも縛られておらず、イメージからアイデア、思考、無の状態へと簡単に移行していく。ふくらませた水の翼を付けて、深く静かな水の中を浮かび上がっていくかのように。浮いているために何かする必要はありません。ゆるやかな感じ、自由な感じがすればいい。いわゆる〝思考〟が活発にはたらくことのない状態です。自分の一日や〝やることリスト〟、パートナーとの口論、瞑想終了後にどこへ行く必要があるかといったことなどは考えません。証拠集めのモードに入っていない状態。ただ自分に空間をあたえ、思考を手放すだけでいい。

もちろん、とくに最初のころは、瞑想しようとするといろんな考えが浮かんできてあなたの注意を引こうとします。心のおもなはたらきのひとつは分析ですから、心が問題解決や計画についての意識へ急いで戻っていこうとするのは正常で自然なことです。そうなっても自分を責めたり、苛立ったりしないこと。それはプロセスの一部であり、それどころか、それが起こったことに気づけただけでも正しい方向への大きな前進です。気づきはじめているという証拠ですから。なので、それが起こったときはただそれに気づき、自分の背中をポンと叩いてあげましょう。水の翼をふくらませ、心の焦点を中立状態へ戻すのです。

このおだやかな空間をつくるにはさまざまな技法（テクニック）があります。心が迷いはじめたり、経験していることに判断を下しはじめたりしたときは、呼吸に意識を定めておだやかな状態を取り戻そうとする人もいます。父のやり方は少し変わっていました。動きながら心を解放し、たゆたわせるのです。びっくりですね。朝のジョギングを瞑想の時間にしていました。裏庭を歩き回って瞑想することもあった。どう瞑想するかは問題ではありません。目は開けていても閉じていてもいい。座っていても立っていてもいい。大事なのは心の落ち着きが得られる空間です。つながれていた心を解放し、新しい知覚や認識が入る余地をつくる。それが自分にどう役立つかを知ることが、自分を理解し、コップを空にする最適な方法を理解するステップになります。

このような瞑想は、水のようになる練習に役立つツールのひとつとお考えください。心をおだやかにするために〝懸命の努力〟をするのでは、その時点ですでに瞑想ではない、と父は考えていました。〝懸命の努力〟は心が空であることのアンチテーゼです。父は若いころ、私たちが瞑想中によく経験する〝認知的不協和〟について次のように書いています。

リラックスしなくてはいけない。だが〝しなくては〟と思った瞬間、自分の意志とは矛盾することを考えていたのだ。〝しなくては〟にひそむ努力の要求は、すでに〝リラックス〟という自然な状態と矛盾していた。

瞑想ですべきは、許し、身をゆだね、ゆるめ、手放すこと。ただ空間をつくり、空間を体現する。

マインドフルネスと瞑想の練習は、あなたを〝いま〟へ連れ戻すという意味で似ています。どちらもコップを空にできるようになるための優れた技法です。一日五分でいいからこれを毎日練習する。あるいはジョギングやウォーキング、皿洗いといった考える必要のない活動に従事しているときやってみる。そうすることで、活力に満ちながらも余計な力の抜けた状態を享受する感覚が発達しはじめ、ある段階から急に、コップに新しい可能性を取り込める余地が大きくなってくる。小舟に乗った十代の父のように、じっくり考え、感じ、たゆたうことのできる空間がもたらされる。

すぐにできるお気に入りの練習があります。父の〝水になれ〟の最初のフレーズに導かれるように心を静めた空間をつくる。心の中でその流れを可視化するのです。あなたの心を、その日考えたことと感じたことが詰め込まれた聖なる器に見立て、〝心を空にしろ。形をなくせ、水のように〟と口にしたり、念じてみる。すると、コップに詰まっていた考えが身体を通っておだやかな滝のように流れ落ちていくようすが思い浮かんできます。心配事や〝やることリスト〟やストレスが自分を通して濾し取られ、地中へ流れ落ちていくところをイメージする。そのあと静かに座っていると、心の器にきれいな澄んだ静かな水や、白い光、心地よい感じが入ってきます。大事なのは、無理やり見ようとか感じようとしないことです。来るものを受け入れる。何も来なければ、澄んだ水や光で器を満たし、もういちど身体を洗ってみましょう。行きわたる栄養を感じてください。点火装置となった自分を感じてください。息を吸っては吐き、リラックスして、何分かただ空っぽになる。この練習をしていると、私は父のこういう言葉を思い出します。

濁った水を澄ませることのできる人はいない。しかし、じっとしていれば水はひとりでに澄んでいく。絶対的な安らぎの状態を確保できる人はいない。しかし、心をおだやかにしたまま時が過ぎていくと、だんだん安らぎが生まれてくる。

空っぽの状態はひとつのプロセス

西洋では、無は空虚であり、存在しないことと考えられている。東洋哲学と現代物理学では、無はプロセスの一形態であり、たえず動いている。

この空っぽの状態の探求は、じつはプロセスにすぎないことを覚えておきましょう。プロセスは継続的なものなので、ここで目的を達成することはありません。終わりはないのです。自分の内なる対話に気づき、心から決めつけを取り除く練習を始めると、そのプロセスがあなたの一部になってくる。

この練習をすっかり忘れて、古い習慣に戻ってしまうこともあるでしょう。そのときは黙ってまた始めればいい。〝間違った〟ことをしていると、自分を責める必要はありません。私たちの使命は何にでも白黒をつける二元的な思考を手放すことなのですから。自分が何をしてきて、何をしてこなかったかはわかっています。それをどう感じているかもわかっている。それが間違っているとはかぎりません。父は次のように言っています。

〝あるがまま〟で生きることは、心がおだやかなこと。比較の対象がないとき〝あるがまま〟はある。瞬間だけでない継続的認識、結論のない継続的な探求が必要になる。選択をせずただ見ていると、そこに不思議なものが見える。何の要求もしない意識、何の不安もない意識があり、その状態の心は受け入れが可能になる。すべての問題を解決するのは受け入れなのだ。

父の言うように、受け入れで私たちの問題はすべて解決できるのでしょうか？　いろいろな意味で、答えはイエスです。受け入れは明日払う家賃に必要な現金をその場で生み出してはくれません。でも、受け入れることで自分の置かれた状況に異なる考え方が生まれたり、以前は見えなかった可能性が見えてきたりします。以前より受け入れの姿勢ができ、心がおだやかになり、落ち着きが増すと、難しい課題に取り組むこともできるかもしれません。この変化を経ると、寛容さから心の平安、現実の解決策まで、さまざまなことに大きな可能性が生まれてきます。

あらたな理解の下で新しい視点から物事を見られるようになり、自分や状況について知らなかったことを学び、決めつけや期待や正当化を捨てて、現状に逆らうことなくそこに寄り添えるようになれば、継続的にコップを新しい可能性や新しい答え、新しいアイデアで満たしておくことができます。空になっては入ってくるため、それらを容れる余地はたえずじゅうぶんに確保される。そこから私たちは、本当の意味で人生を変えていくことができるようになるのです。

第三章

永遠の学びの徒

人生そのものがあなたの師で、
あなたは継続的な学びの状態にある。

古典的ながらくた

父は一九六四年、カリフォルニア州オークランドに二校目の武術学校を設立しました。オークランドは湾を隔ててサンフランシスコと向き合う街で、これは母が第一子となる兄ブランドンを身ごもっていたときです。シアトル校とオークランド校は振藩國術館（ジュンファン・グンフー・インスティテュート）と呼ばれ〔ブルース・リーの本名は李振藩〕、父が十代のころ香港で学んだ詠春拳を少し改良したものを教えていました。

〝少し改良した〟というのは、父が熟慮の末に技術の変更を試みはじめていたからです。伝統的規範からほんの少し逸脱したにすぎません。ここにほんのわずか足の角度をつけ、ここで腰の動きを大きくし、相手に応じてもっと速く始動するといった修正であり、教えていたのはおおむね詠春拳でした。

しかし彼はブルース・リーで、このときまだ二十四歳だったため、少々大口を叩くところがありました。サンフランシスコ華人街（チャイナタウン）の武術界守旧派から不興を買うようなやり方で伝統に刃向かったのです。華人街の新聲劇院（サンシン・シアター）で演武を行い、中国武術の多くは必然性のない無駄な動きによって停滞していると、声を大にして憎々しげに語り、〝古典的ながらくた〟という言葉で伝統派武術をくり返し軽んじました。そのあと彼は、ステージに上がって自分の技をしのげるか確かめてみろと会場に呼びかけます。

それだけでも大変なのに、父は自分の学校を開き、人種や素性を問わずあらゆる人を受け入れました。中国武術界のお偉方にとって伝統を忠実に守るのは大事なことで、華人以外の練習生がときたま武術教室へまぎれ込むことはあっても、万人に門戸を開く方針などどこにもなかったのです。ブルースは昔ながらのやり方を〝ぶち壊そうと〟している不遜な人物で、華人街の伝統派はそれに我慢ができなかった。

一九六四年の暮れ、サンフランシスコ華人街が父に挑戦状を叩きつけます。この不謹慎な若者にうんざりで、黙らせようと、決闘を提案したのです。彼らの代表が勝てばブルース・リーは武術学校をたたみ、父が勝てば自由に指導を続けてよいというものでした。もちろん父は挑戦を受け入れます。相手が誰だろうと、自分の生き方にこんな指図をさせてはなりません。勝利を確信してもいました。自分の能力を信じていたし、結果はどうあれ、自分と信念を守るために立ち上がらずにはいられない。

映画のような話ですが、私の家族にとってこれは現実でした。父の親友で師範代のジェイムズ・リー（嚴鏡海）とともに、妊娠中だった母もこの決闘に立ち会いました。一九六四年十一月、華人街の代表団が父のオークランド校へ乗り込んできます。刺客として送り込まれたファイターは技量の高さで選ばれたものの、このときの軋轢（あつれき）とは直接関係のない人物でした。さらに華人街側はルールを押しつけてきた。目をえぐってはならない、金的を攻撃してはならない、これはだめ、あれはだめ……。そこで父は彼らを制します。

ルールはなしだ。

本気で自分の生計手段を脅かし、生き甲斐である学校を閉鎖させるつもりなら、何の禁じ手もない真剣勝負でなければならない。父はそう主張したのです。どちらかが気を失うか参ったをした時点で勝敗は決する、以上。華人街側はしばらく相談してこれに応じました。戦う二人以外、全員が部屋のわきへ下がり、父はなんの前置きもなく攻撃に出た。

戦いそれ自体が非常に型破りなものでした。まず拳の応酬があり、そのあと相手が走って逃げだしたのです。父はそれを追いかけて捕まえようとし、背後から攻撃を試みました。生き残るのが最優先で、伝統的な技法は後回し。打撃は雑で、少々荒っぽかった。試合は三分ほど続きましたが最後に相手が仰向けに倒れ、父が馬乗りになって拳を構え、広東語で「参ったか？降参か？」と叫びます。とうとう相手は「参った」と言いました。

みんなが帰ったあと、父は校舎の外の縁石に腰を下ろして敗者のように頭を抱えていました――父が勝ったのは明らかなのに。母が近づいて、なぜしょげ返っているのか訊きました。喜んでいて当然のところです。

たしかに父は勝ちました。でも、勝利への満足に浸っている場合ではないと気がついたのです。それまで、父が演武で自分の技を披露したときは、「私に当ててみなさい」とか「私の拳を防いでみなさい」とか言っていたのでしょう。その挑発は自分の経験という快適な範囲を出るものではなかった。つまり、そのシナリオには何が起こるか一定の予測がついたのです。展開は限られていた。でも、この決闘はちがった。父はそれまでにない形で試されたのです。

まず、相手を部屋じゅう追い回すはめになりました。普通の戦いではありえない展開です。そのせいで息切れを起こしました。次に、逃げていく相手を後ろから攻撃するはめになりました。これまた武術においては誰も練習しない状況です。そして最後に、二人は伝統的な構えやルール、一定の打撃のやり取りを捨てていた。ノールールを要求したのは父でしたが、そこで起こる状況にまだ準備ができていなかったのです。

この決闘で父は、自分について気がついていなかったことを知りました。なかでも、身体のコンディションが万全でなかったことを。誤解しないでください。父は身体を鍛えていましたが、それは武術の技を練習するなかで手に入れたものでした。さまざまな運動の鍛錬法を組み合わせたクロストレーニングもしていなかったし、純粋な体力づくりにも取り組んでいなかった。あの決闘後、詠春拳の伝統的な鍛錬では〝何でもあり〟のシナリオに備えられないと、はっきり認識したのです。それでも父は勝ちました。冷静さを失わず、打撃をくり出した。でもそれは即興の動きであり、場当たり的で、抑制も利いていなかった。考えるべきことがまだどれだけあるか、学ぶべきことがどれだけあるかを父は痛感したのです。

あとから振り返れば、この一戦は父の人生にとって重要な転機でした。このとき、もしすべての状況をしっかり評価するだけの余地を頭に空けていなかったら、何を学ぶ必要があるのか知る機会を逃していたかもしれません。親友のジェイムズとハイタッチを交わし、母を抱きしめ、お祝いの食事に出かけ、華人街の守旧派を撃退したと友人たちに触れ回っていたでしょう。でもそうしていたら、今日、彼の名前を知る人はいなかったのではないでしょうか。私がこの本を書くこともなかったでしょう。

父は勝利を喜ぶ代わりに、この一戦の教訓を土台にした長い個人的な旅を始めます。どんな局面にも対応でき、それを支える体力があり、創造性に富んだ格闘家とはどういうものか。自分から限界を取り去るとはどういうことか。そして、私たちの目的にとっていちばん大事なこと、つまり流動性に富んだ人間とはどういうことかに関心を持ったのです。

決闘後すぐ、父は格闘の物理的実態をつぶさに検討しはじめます。伝統や特定の流派の縛りを外したとき、どんなことが起こりえるかについて。これは武術家人生にとって大きな啓示となり、ジークンドーの始まりでもありました。この新しい旅に取り組む真摯な気持ちの象徴として、父は友人で弟子でもあった金属加工職人のジョージ・リーに協力を求め、あるものの製作を依頼します。

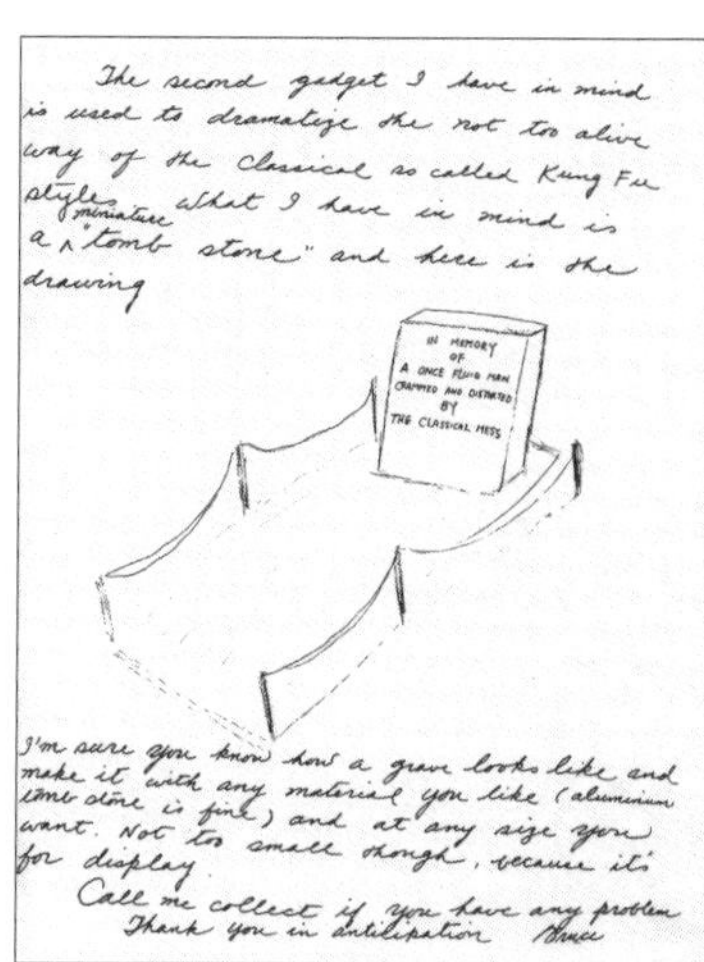
The second gadget I have in mind is used to dramatize the not too alive way of the Classical so called Kung Fu styles. What I have in mind is a miniature "tomb stone" and here is the drawing

I'm sure you know how a grave looks like and make it with any material you like (aluminium tomb stone is fine) and at any size you want. Not too small though, because it's for display.

Call me collect if you have any problem

Thank you in anticipation　Bruce

ミニチュアの墓石のスケッチをジョージに送り、〝かつてなめらかだったのに古典的ながらくたを詰め込まれ、ゆがんでしまった男の思い出に〟という一節を碑文として刻みつけるよう、父は頼みました。本来の流れるようになめらかな自分を甦らせるには、限定的で柔軟性に欠ける伝統的な取り組みに〝死んで〟もらう必要がある、という戒めです。流れる水のように前進せよ、とみずからに注意を喚起する装置だったのです。

達人を認めない

自己実現は自分で追求するしかない。どんな達人もそれをあたえることはできない。

父は達人とか師匠と呼ばれたいとは一度も思いませんでした。「頂点を極めたと言ったが最後、あとは落ちるしかない」と言っています。学びに終わりはない。自分は新しい着想や新しい可能性、新しい方向、新しい成長にたえず心を開いた〝永遠の学びの徒〟だと考えていたのです。

自分の踏むプロセスを、タマネギの皮を際限なく剝いていくことに喩え、自分の魂の新しい層をたえず露わにしてあらたな水準の理解を見つけだすこと、と言っています。

> 私の人生は自己診断の人生と思われる。一日一日、少しずつ自分を剝がしていく。自分という人間がどんどんシンプルになってくる。自分自身をどんどん探り、疑問がリスト化されてくる。そして、どんどんはっきり見えてくる。私が幸せなのは日々成長しているからで、正直、自分の限界がどこにあるかわからない。毎日のように新しい啓示や新しい発見を得られる可能性があるのだ。

これは学びに情熱を燃やす人の言葉です。この理解と成長に焦点を定めた熱意が父に火を点け、父を解き放ちます。これによって探求と創造が可能になり、それが父の天才の象徴になりました。他の人たちが見向きもしなかった鍛錬とアイデアを結びつけることができたのは、胸襟を開いた無上の実験者だったからです。

たとえば、ジークンドーの技を開発する際、ひらめきや情報を得るために探求したのは標準的な武術だけではありませんでした。父は西洋のボクシングやフェンシング、生体力学、哲学に着目します。ボクシングのシンプルさに感嘆し、その発想を自分のフットワークや上半身を使った技（ジャブ、カウンター、フック、ボビング、ウィービングなど）に組み入れました。フェンシングではまずフットワークと間合い、次に受け流しと反撃を同時に行うストップヒットと突き返し（リポステ）のタイミングに着目しました。後者はどちらも先制攻撃をともなう攻防の技法です。生体力学から身体の動き全般を研究し、運動の物理法則を理解しつつ生物学的な効率や力を理解しようとした。哲学分野では老子やアラン・ワッツ、クリシュナムルティといった東洋と西方の作家の著作を幅広く読み、当時人気だった自己啓発本も手に取った。あらゆる刺激、あらゆる可能性を受け入れたのです――自身の想像力と理解に限界を設けないかぎり、自分に限界はないと。

私も実験が大好きになりました。小さな試験やシナリオをたえず実行し、その結果どんな洞察が得られるかを確かめるのです。一定の期間あらゆる招待に応じてみたり、何日間か聖歌の会に参加してみたりと、いろんなことを試してきました。心をとらえた儀式やワークショップに参加し、意識的にいっときだけ盲目的に自分の直観に従ってみたり、特定の人間関係を結んでその結果がどうなるか確かめたりと。最近は、こういう実験中に心を空っぽにする姿勢、つまり決めつけをせず心を開いた状態を保てるように努力しています。

実験を最後までやり通せないこともあるけれど、そんななかにも情報があるのです。最後まで固執しなかったのは自分の役に立たなかったからなのか。途中でやめてしまったのはつらすぎたからなのか、それとも何か見逃していたからなのか、障害物にぶつかったからなのか。問題を掘り下げる心の準備ができているかぎり、学びと成長の可能性は無限大です。

なにより大切なのは、この実験姿勢を取ることで何をするにも心が少し軽くなり、少し楽しくなることです。好奇心と可能性という新しい枠組みは、自分の決定は固定されていて限定的であるという感覚からストレスや恐れを取り除いてくれる。人生をひとつの実験のように設定し、調査してその発見に心を開けば、生きることの重苦しさが少しだけ和らぐかもしれません。

研究者の帽子をかぶる

友人で同僚のシャロン・リーが開発した〈クリエイティブ・フライデーズ（創造的な金曜日）〉という自己啓発プログラムを、ブルース・リー・ファミリー社で行いました。最初にあたえられた課題は、これまで興味や好奇心を覚えていたのに、試すこともせず実験もしなかったことに参加すること。つまり、私たちは研究者の帽子をかぶり、探検者として現場へ出ることになったのです。

私は小さいころからどちらかというと内向的な性格で、社交の場に出て気楽に話をするのが億劫なときもあり、他の誰かが話し上手の役割を担ってくれて、そこに乗っかれないかといつも当てにしていました。でも研究者という枠組みで活動できるとなったとき、パッと視点が開けました。もう、緊張して会話に詰まる人ではなくなったのです。その代わり、発見するという使命を担っていました。自分からスポットライトを外し、調査対象の人たちに光を当てたのです。

このあらたな自由を得て、ずっと興味があったけれど試したことがなかった教室や社交の場に足を踏み出しました――呼吸法講座、知り合いが一人もいないパーティ、レイキ療法（ヒーリング）。周囲の人たちを観察しながら言葉を交わすことができ、その結果、それまでより心を開いた自分になる練習ができたのです。

この好奇の姿勢には解放感がともないます。消極的な参加者や、声をかけられるのを待つ傍観者、あるいは、まぶしいくらい魅力的な自分でいなければという大きなプレッシャーを自分にかける必要もなく、冒険好きや探偵、ジャーナリスト、人類学者といった役柄を自分に割り当てることができる。観察するだけでもいいから積極的な関わり方をし、好奇心のレンズを通して物事を見ると、まったく新しい世界が開けてきて、想像していた退屈さや怖さが消えてなくなります。

私の十代の娘が退屈だとか先生がダサいとか言うたび、こんな助言をあたえるようにしています。意欲をかき立てるどんな発見ができるか、面白いと思えるどんなことを見つけられるか、確かめてみなさい。それをゲームにするの。どんな状況にも学べること、観察できることがないか見てみなさい。たとえば、いちど立ち止まって周囲の状況を確かめてみる。いまいるのはコーヒーショップか。家でベッドにいるのか。どんな気分か。この本は自分の心に訴えているか。元気が出てきて興味が湧いているか。それとも、読み進めるのに苦労して眠りに落ちそうか。楽しい場所にいるか。雑音に気が散ってイライラしているか。自分について何か学べているか。自分をいま苛立たせているのは何か――この本なのか、雑音なのか、今日あったことなのか。別のことをやりたいのか。それとも、これでじゅうぶんか。自分について知らなかったことを学べているか。

気づきはかならずあるものです。自分がいましていることや自分がいまいる場所は自分のしたいことやいたい場所ではないという、有益な発見もあるかもしれません。そこから抜け出す方針を立てるチャンスかもしれない。その情報は純金に値するかもしれない。あなたを本心から引き離す道をたどっている現状から、あなたを救い出してくれるかもしれない。

自分の経験を掘り下げる

ジークンドーと父の人生の中核的使命にはこんなくだりがありました。「自分の経験を掘り下げること。無用のものを排除し、有用なものを取り入れ、そこに本質的に自分独自のものを付け足すこと」

章の冒頭で見たように、父にとって「オークランドの決闘」という経験をしっかり評価・検討したのはきわめて重要なことでした。自分の勝利に納得のいかない部分があったとしても、その検討をそっと後回しにしたら（あるいは、そのまま振り返らずにいたら）、成長と進化の大きなチャンスを逃していたでしょう。でも、彼は自分の経験全体に注意を払い、とくに気になるところを真剣に注視したおかげで、新しい形の武術と哲学を創造し、世界格闘界の風景を変えたのです。

ブルース・リーの人生が提示する例は印象的ですが、ここで私たちが焦点を当てるのはあなたであり、あなたの人生が進む道と方向であることをお忘れなく。父の人生の物語はブルース・リーという形で完結しています。あなたの人生は現在進行形です。ただ、ブルースはその道を指し示す大きな道しるべになるかもしれません。彼自身、このように述べています。

いいかい、私は導師ではない。せいぜい道に迷った旅人の道しるべでしかない。行く方向を決めるのはきみだ。私が提供できるのは経験だけで、それはけっして結論ではない。だから、私が言ったこともきみ自身でくまなく検討する必要がある。私はきみの意識を呼び覚ますことで、問題を発見し検討する手助けはできるかもしれない。よい師は真理の道しるべにはなっても、真理をあたえるものではない。

別の言い方をすれば、自分の主権や個人の力を放棄しないこと。自分の歩む道と自分のしてきた経験を主張すること。遭遇した道しるべや学んだ教訓、道を指し示してくれた先生に敬意と感謝を抱く必要はある。でも、あなたが歩む道とあなたの成長に責任を持つのはあなた一人であることを心に留めておいてください。

先に述べたように、あなたが経験したことにはかならず気づきがあります。何かに活力を感じたり気落ちしたりするのはなぜで、何かに夢中になったり退屈したりするのはなぜか。そこから始めるのがベストでしょう。こう問いかけることで私たちは経験したことをすべて評価することができ、何が自分の本心に語りかけてきているかを理解できるのです。そうやって私たちは自分の本質を獲得しよう（あるいは、思い出そう）としているのです。思い出してください。水が水でいるために必要なこと、つまり動きや水源とのつながりが得られないと、よどんで蒸発してしまうことを。自分の経験を掘り下げるには周囲から学ぶ必要がある。自分をいちばん生き生きとさせ、心地よくし、本当の自分らしさを感じさせてくれるエネルギーを評価して追い求めるには、流れを止めずにしっかり周囲とつながっている必要があるのです。

無知を知る

経験を掘り下げるうえで厄介なのは、自分の無知を理解していないことがままあるからです。無知とは何か。それは本当の自分を理解していないこと。いわば自分の魂を。私たちは人生の創造に自分がどんな役割を果たすか知らず、内面を指さずに外を指さしてしまう。この問題は自我（エゴ）に由来します。自分に最善と考えるものを自我（エゴ）が教えてくれているのだから、自分の欲しいものや歩むべき道はわかっていると、私たちは考えがちです。ゲーリー・ズーカフは著書『魂との対話――宇宙のしくみ 人生のしくみ』でこれを〝個が求め必要とするもの〟と〝魂（本心）が求め必要とするもの〟との闘いと表現しています。では、エゴから出たものと、魂すなわち本質から出たものをどう見分けたらいいのでしょう。

魂ではなくエゴが運転していることを示す重要な指標に〝すべき〟という言葉があります。

判断の多くが〝すべき〟から来ていたら、あなたはかならずしも本質的な真の自分に導かれていないといえます。自分の権限を親や伴侶、先生、宗教、社会など、〝すべき〟の決定者に明け渡している可能性がある。

エゴを警戒すべきときが、もうひとつ。自分がどう受け止められているかを気にしすぎているときです。エゴはあなたが抱く自画像へ入り込んでくる。周囲から特定の見られ方をすること、つまり評価への執着です。人にどう思われるか心配だ、いい人と見られたい、悪者になりたくない、派手な家や車を持ちたい。そんなときは、あなたのエゴがせっせとはたらいています。素敵なものを持っていること、好人物であることは悪いことではありません。でも、心の平安を犠牲にするくらいそれに意識過剰になっていないでしょうか。人の目に執着していないでしょうか。特定のイメージで見られたくて、本当はしたくないことをしていないでしょうか。自尊心を外の環境に左右されていないでしょうか。

本当の自分ではなく、エゴの自分から活動しているかどうかを見定めたあと、無知の原因を理解する次の一歩はどう踏み出せばいいのか。とくに、そもそも問題の源がわかっていない場合には？　じつは、無知の発見は仏教の深い概念で、私たちが苦しむのは、自分の幸せ（あるいはその欠如）を自分の外に見いだそうとする執着心が原因とされています。父もよくこの話をしていました。自分の無知に気づくには相応の自覚（自己認識）と正直さが必要になるが、まだ完全に自覚していなくても気づくことは可能だと。必要なのは本気で見ようと意を決すること。では、どこから始めたらいいか。

まず〝すべき〟から始めましょう。自分の心の声に耳を傾け、誰かから選択肢を示されたときの気持ちを観察してください。感謝祭の日、あなたのお母さんはあなたに会いにきてほしい。あなたには行く〝べき〟だという思いがある。その〝べき〟にあなたはどう感じるか。心が浮き立つか。それとも沈んでいくか。元気が湧いてくるとき、あなたの〝すべき〟は本心から出てきたもので、したがって〝すべき〟ではなく、家族との時間や家族旅行といったあなたに不可欠な何かを感じ取っているのです。でも、少しでも気重に感じたり憂鬱になったりしたときは、検討の必要があります。なぜわくわくしていないのか。なぜ気が重いのか。究明しましょう！　判断は変わらなくても、原因を明らかにすることで心を解放できるかもしれません。これを機に、自分にとって価値あるものは何か、どこに手を加える必要がありそうか考えてみるのです。真相に迫れるかもしれません。

また、〝無視する（イグノア）〟から派生した〝無知（イグノラント）〟という言葉自体にも手がかりがあります。あなたは人生で何を無視しているのか。頭にちらつくどんな考えを押しのけているのか。どんな気持ちがくり返し戻ってきては、それを押さえつけ、否定しているか。人生でどんなパターンがくり返し展開しているか。私の知り合いに、みんなから悪口を言われる、裏表のある人間だと言われると、しょっちゅうこぼしている人がいます。そうじゃないのに、と本人は言います。全部、根も葉もないデマで、なぜみんなからいつもそんなことを言われるのかわからない、と。私には何が真実で何が嘘かの判断材料がないため、胸に手を当ててこんなことを自分に問いかけてはどうかと提案しました。人に居心地の悪さを感じさせるような何を自分はしていて、何をしていないか。そう自問することで自分と向き合い、他の人たちに見えていることを本気で見ようとして自分を掘り下げれば、いずれ自分に変えるべき点があるかどうかがわかってくるでしょう、と。

もちろん、あなたのためによいことでも、〝もっといい食事をすべき〟とか〝もっと運動すべき〟といった〝べき〟を伴うものはありません。これらの〝すべき〟はあなたにとって必要なことかもしれませんが、そこに〝すべき〟を付けたり、それを押しのけたり、無視したりしているせいで重い感じがしてしまう。だから検討の必要があるのです。ひょっとしたら、本当の問題は食事や運動ではなく、あなたの本心が現れるのを妨げている心の傷、あなたが〝見ぬふり（イグノア）〟を続けている傷こそが問題なのかもしれません。

私も食べることで心を落ち着かせることができるし、ずっとそうしてきました。そのパターンをなかなか変えられず、ずっとそれと闘ってきたのです。食べることで心を落ち着けていることになんとなく気がついたのは三十代になってからだと思います。さらに十年くらい、そんな自分を責めながらも変えることができなかった。食べ物が報酬や罰、反抗や支配、慰めや幸せとつながるパイプになっていた。食べることを完全にやめるなんてできっこない。必要な燃料なんだもの！

何が起こっているかはわかってても、すぐに解決につながらなかったのは、私が好奇心を持ち心を開いて積極的に問題を解決しようとしていなかったからでもあります。問題があると認識していながらも腰が引けていて、愚痴をこぼしたり、自虐的な態度を取ったり、いっとき流行したとっぴな食事療法や運動療法を試すことしかできなかった。太りすぎて自分が嫌になることもあれば、そうでないこともありました。でも、問題の原因をちゃんと探していなかったのは間違いありません。糖尿病になったわけでもないし、たいした問題じゃないでしょうと考えて。

さて、何かがあなたの精神的、肉体的なエネルギーを大量に消費しているなら、身体に影響が出ているかどうかにかかわらず、それは問題です。そこに対処しなければ、継続的な心の葛藤や消極性な人生からは抜け出せません。自分に正直になれば、内面を悩ませているものが何であるかはすでにわかっているはずです——対処の仕方はわからなくても。

四十代の前半、私はある日、父の死の記憶について語っていました。香港で行われた葬儀にまつわる、胸を締めつけられるような記憶について。それは混沌とした感じでした。通りに人が何千人も並んでいて、あらゆる報道機関から大勢の人々が駆けつけ、歩道ではファンが泣いていた。葬儀は棺の蓋（ふた）を開けて行われ、母と兄と私は中国の伝統にのっとり白い喪服に身を包んでいた。テレビカメラやカメラマンの目にさらされている父の遺体の前を進み、遺影に何度かお辞儀をしたあと、棺の前に座らされた。周囲に竜巻のような混乱が渦を巻いているあいだ、私は台風の目の中で思考停止に陥っていました。たぶん放心状態だったのでしょう。まだ四歳でしたから。

葬儀が終わったあと、親切な人が私の手を取って、「さあおいで。お菓子をもらいにいこう」と言ってくれました。〝そうよ！　何でもいいから幸せを感じられるものをちょうだい〟と思ったのを覚えています。

四十代の私はこの話をしている途中で、自分の食事の問題の原点について啓示を得たのです。パズルの全ピースとは言わないまでも、生涯ずっと抱えてきた問題の原因を理解するにはじゅうぶんでした。答えはずっとそこにあったのに、ちゃんと見ようとしていなかった。だからそこにつながらなかったのです。私は父の死から逃げていた。そこから逃げて、その破壊的なパターンを正視せずにきた。私の安心感はお菓子ひとつ（あるいはひと袋）に包み込まれ、それ以来〝自分の不適切な食事は、自分を強く否定することでしか制御できない〟という間違った仮説の下で動いてきたのです（プロからの助言――こんな方法で治癒・解決する傷はありません）。

私は自分について日々理解を深める道をたどっています。父と同じように、視点を変えることで。自分が無視したり否定したりしていることは何かを、より強く意識するようになりました。学習進度が速くなり、葛藤が減り、その強さも緩和された。自分をなだめ落ち着かせる習慣に目を開かれたことで、完全な解決には至らずとも、どこを掘り下げるべきかはわかるようになってきた。そこから、他のどこへ目を向ける必要があるかという理解にもつながりました。父は次のように述べています。

学びとは発見であり、無知の原因を発見することだ。つまり、自分の中にあるものを発見することでもある。これらを発見するとき、自分自身の能力が明らかになり、自分の可能性を見つけるための目が開いて、いま何が起こっているかを知り、人生の幅を広げる方法を発見し、状況に対処して成長するために使い勝手のいい手段が見つかるのだ。焦って物事を〝修繕〟するのでなく、たえまない発見の過程で理解を深め、無知の原因をさらに見つけていくことだ。

真の理解の始まり

私が食事に抱えていた問題の突破口は偶然訪れたわけですが、あなたにとってはそれほど唐突である必要はありません。これは意識して注意を払うことを積極的に決断すれば長年にわたる苦しみを回避できるという、教訓のお話です。正直、もっと早くこのことに気づこうとしていたら、もっとよく見てそこに何があるか確かめるという選択ができただろうと思うのです。ですから、みなさんには、つらくても怖くても心を開いて心の奥をのぞき込むことをぜひお勧めします。

問題を直視するには勇気がいるし、問題から解放されるまでには手間が必要なので、イライラすることもあるかもしれません。自分が何をしているのか、次の最良のステップがどこにあるのか見当がつかないかもしれない。自分の基盤と思っていたことが揺らいで少し不安になるかもしれない。問題を直視したり知ったりせず、この先ずっと心の不快を我慢していくほうが楽だと思うかもしれない。しかし、スキルを身につけ練習を重ねていくうちに、怖いことを乗り越えて成長する方法を身につけられるようになります。どんどん楽になってくるでしょう。自分のたどるプロセスが面白くなってきて、そこに熱中しはじめます。

父はオークランドの決闘を機に、自分の抱えている大きな課題や不満、恐れを感じ取り、そこから逃げることもそれを隠すこともせず、「もっとしっかり直視しよう」と自分に言い聞かせました。「自分の恐れを理解することが真の理解の始まり」だと信じていたのです。問題の箇所をしっかりと見据えることが大切です。そこを直視せず、心の奥底に目を向けなければ、あなたを覆っているベール、つまりあなたを押しとどめ、妨害をくり返して回復と成長を阻んでいる問題の層は、けっして発見できません。

自分の恐れを理解することが、可能性を最大化するための重要な一歩になる。「恐れを抱くと、伝統や師にすがりついてしまう。恐れのあるところに自発性は生まれない」と父は説いています。「進歩の敵は苦痛恐怖症、つまりほんの少しの苦しみにも腰が引けてしまうことだ。不快に見舞われると意識の連続性が途切れて、恐怖症に陥ってしまう」とも。そのとき大事なのは、そういう気詰まりな瞬間から目を背けず、自分の注意や意識に組み込むことです。恐れと正面から向き合ったとき、奇跡は起こる。恐れが及ぼす力が消失する。自分を知り、その道筋で別の興味を抱いたり別の発見をするうちに、恐れはパズルのピースのひとつにすぎなくなる。

自分の恐れや短所について自分を責めないよう気をつけてください。恐れや欠点は私たちみんなが持っているもので、掘り返して発見する必要のある場所を示す手がかりにすぎません。

さて次は、自分の弱みと思っているものに存在する、別の一面についてです。

強みと弱み

強みと弱みは表裏一体です。あなたは別々のものと思っているかもしれません。自分には弱みがあり、それとは別に強みもあると。この欠点と長所の二重性を、私は現実世界の「陰と陽」と考えるようになりました。自分をつぶさに観察するうち、自分の能力の短所を認めることなくして総体としての能力を誇ることはできないし、逆もまた同じなのだと気がついたのです。たとえば、私は一人でいるのが得意です。じっと静かにしているのが好きです。粘り強く、自己充足ができ、簡単に退屈しない。しかし同時に、いちど人と距離を置くとなかなかつながりを取り戻せなくなることがあります。助けが必要なときに助けを求めない。人の力を借りずに人生を切り抜けていくのはじょうずだけれど、そのせいで疲弊して消耗することもある。

さまざまに異なる経験から、自分が多様さを好むことも発見しました。食べ物も仕事も活動もバラエティに富んでいるのが好きなのです。自発性や驚き、新しい経験に親近感を覚えます。なので、当然のことながら、その逆の〝決まり事のくり返し〟は苦手です。三十代になるまで、毎晩の洗顔を日課にすることができませんでした。期日までに請求書の支払いをすることも、定期的に郵便物やメールに目を通すのも苦手です。食料雑貨店へ買い物に行くのも、皿洗いも同様です。

流れに身をまかせたり、新しい経験を楽しむことはできる私ですが、必要なこと、毎日の決まり事、平凡なことの処理は苦手です。自分のこういうところを発見し、短所と長所が密接な関係にあることに気づいたおかげで、広い視点とバランス感覚を持って人生を歩めるようになりました。短所はすべて長所と背中合わせで、長所には短所がつきものだと知ることで、自分を責めずにすむようにもなりました。自分の欠点を咎めるなら、長所も称えてしかるべきです。あるいは、どちらがよいとか悪いでなく、いまあるものに寄り添い、探し求める流れのバランスへ向けて（水のように）前進しつづければいい。

自己認識はバランスのゲームで、任意の瞬間に、人生を流れるように歩んでいくために本当に必要なことは何かを理解するゲームです。私たちには休息と活動の両方が必要です。独りの時間と社交の時間の両方が必要です。自立が必要であり、助けを借りることも必要です。自分の本質を探究することで、自分がこれらをどのように必要としているかが理解できるようになる。

自分についてどんな発見ができるか、自分に問いかけてみてください。小さなことから始めましょう。好きなテレビ番組から自分についてどんなことを学べるでしょうか。事業の経営や同僚とのやり取りから、自分がどんな人間でありたいかを学べるでしょうか。厄介な人間関係や思いがけず出くわした確執からはどうでしょう。そしてこれらの情報から、自分の長所と短所の間で取るべきバランスについて、どんなことがわかるでしょう。どのような衝動を抑え、どのような制御をゆるめる必要があるのでしょう。

好きなテレビ番組から、あなたは笑うことや人生のロマンチックな側面を見るのが好きで、美しい理想やハッピーエンドを好むことが明らかになるかもしれない。でも、それは同時に、いささか現実逃避癖があるということかもしれません。精神的に疲れるネガティブで現実的な場面が苦手なのかもしれません。それがあなたの夢を壊し、がっかりさせるから。

仕事中、あなたは計画的に行動し、誰とでも気持ちよく接しているかもしれません。職場の地位に関係なく、誰にでも一定の敬意を持って接している。自分の皿は自分で洗い、ときには同僚のためにおやつを持ってくることもある。なんて素敵なの！　では、その裏側を見てみましょう。自分はこうすべきだと思っている行動を他の人たちが取らなかったとき、イラッとしませんか。人のだらしなさに不寛容で、そこに基づいて人を判断していませんか。彼らが自分のように〝できた人〟でないことに優越感を持っていませんか。そのせいであなたの人間関係はどうなっていますか。ありのままの自分でいて、なおかつ人から評価されるなんて無理だと思っていませんか。ありのままの自分という考えに腹が立っていませんか。

リストをつくりましょう。自分の得意なことは何で、苦手なことは何か。さあ、リストに正面から向き合い、どれが長所でどれが短所か書き出してみてください。たとえば、私はずぼらである――でもそれは、何もかも完璧でなくても支障がないということでもある。自分の長所と短所についてどんな気づきが得られるか、確かめてみてください。それがあなたの自画像を明らかにする情報だとわかりますか？ 〝よい〟と思っているところと〝悪い〟と思っているところがじつはコインの裏表であることがわかりますか？ その両方、つまり全体を手にすることで内面のバランスが取れ、〝よい〟〝悪い〟の概念が解き放たれるのがわかりますか？

人を批判し人の気持ちを萎えさせるのは簡単だが、自分を知る作業には一生かかるかもしれない。すべての知識は自分を認識するためにある。

自助努力

私たちがこうやって本当の自分を見極め、理解しようとし、そこに取り組むために深く努力をしているのは、なぜか。その知識と練習なしには自分の可能性を引き出し、生まれ持った本質的な性質を活かすことができないからです。水のようにもなれません。父はよく〝何を〟考えるかではなく〝どう〟考えるかが大切だと言っていました。〝どう〟が正しい方向へ向けられた時点で〝何を〟はすぐに影響を受ける。自分をどう受け止め、自分の考えをどこへ向けるか。それが、停滞せずに流れることができるかどうかのカギを握ります。次の言葉をご覧ください。父の言葉のなかでも大好きなひとつです。

問題をつぶさに観察すれば真理が見つかる。答えが問題の遠くにあったためしはない。問題自体が答えなのだ。

具体例を挙げましょう。3＋x＝10といった簡単な算数の問題を見るとき、3と10という要素なしではxの答えは導き出せません。答えは問題の中にあるのです。この算数の問題を見て答えを冷蔵庫に探しはじめたら、頭がどうかしていると思いませんか。でも、私たちは一日じゅうそんなことをしています。とくに、自分の問題を他人のせいにするときがそうです。人から邪魔されることがないとは言いませんが、解決策はいつも自分の手にあります。かならず、いつも。必要なのはひとつだけ。自分の手をすり抜けていく解決策の探し方に、もっと工夫を凝らすことです。

いつも仕事に遅刻している？　十分早く目覚まし時計をセットしましょう。それが答えなのでは？　朝、起きられないくらい疲れが残るなら、早めに寝ましょう。事態はもっと深刻？　うつ病の可能性がないか確かめましょう。ほら、正解に近づいてきましたね。あなたの憂鬱の根底には何があるのか。助けを求める必要があるのか。問題を追いましょう。いくつかの解決法を試し、さらに問題を追う。どんな気づきがあるかを確かめる。問題自体に導いてもらうのです。

父は家族や友人が問題を抱えていると、「注意を怠らず、質問し、調べ、耳を傾け、理解し、心を開くこと」と言って力づけました。私たちにとってすばらしいチェックリストです。自分は注意を払っていたか。いろいろ質問をしたか。調べていたか。人の話に耳を傾けていたか。何があったか理解していたか。経験全体に心を開いていたか。情報をつかむために取り組むのではなく「理解するために取り組め」と父は注意しました。「どれだけ学ぶかではなく、学んだことをどれだけ吸収するかが大事なのだ」と。

ブルース・リーは常日頃から自分の考えを書き留め、学んだことを積極的に消化していました。日誌や日記をつけていたわけではないけれど、自分の進歩の経過を追い、思いついたことや目標設定、夢を書き留めて明確な仮説を立てました。数多くの草稿を下敷きに手紙や随筆を書いていきます。父が情報整理のために執筆をどう活用していたかは第五章で検討します。でも、その文章から、彼にとって重要なことは何だったのか、彼を自己発見の道、本人の表現を借りれば自助努力の道へ向かわせたのは何だったのかがわかります。
一九七二年に書いた文章では、自分は好奇心が強く、若いころは次のような疑問をたえず自問していたと述べています。

勝ったあとには何が来るのか?
なぜ勝つことはそんなに大事なのか?
〝栄光〟とは何か?
どのような〝勝利〟が〝栄光〟なのか?

子どものころの自分は問題児で年長者から厄介者あつかいされていた、と父は回顧しています。「どうしようもないいたずら好きで、喧嘩っ早くて気が荒く、癇癪持ちだった。同年代の子たちが近寄らなかっただけでなく、大人たちも私の癇の強さに辟易(へきえき)していた」なぜそんなに反抗的だったのかわからないと、彼は続けます。とにかく、気に入らないやつに会うたび、真っ先に頭に浮かぶのは勝負を挑むことでした。しかし、何を武器に挑むのか。「拳しか思いつかなかった」と父は書いています。さらに、「相手を打ちのめせばそれで勝ちと思っていて、力ずくの勝利は本当の勝利でないことに気がついていなかった」と記しています。後年、ワシントン大学に入学したとき、学業課程の選択にあたって個人指導教員の助言を仰ぎました。その指導員が父の探究心の強さと質問攻めにする姿勢を見て、哲学はどうかと提案してくれました。「人は何のために生きるのか、哲学は教えてくれますよ」と言って。

父によれば、友人や家族の多くは父が哲学を学んでいると知って驚きました。彼が熱中してきたことといったら武術だけでしたから。大学では体育方面に向かうとばかり思っていたのです。でも父は哲学と武術の関係性にすぐ気づきました。「あらゆる活動には理由があってしかるべきだ……武術に哲学の精神を吹き込みたい。だからどうしても哲学を勉強したかった」と書いています。

父は哲学の勉強を通じて以前のやり方の誤りに気づき、勝利に関するかつての思い込みを悔やみはじめます。でもそれは、彼が自分自身と自分の行動に真摯に向き合ったからに他なりません。長い年月をかけて結論に至ったとき、彼は「好むと好まざるに関係なく、やむを得ない状況になれば、根っからの格闘家である自分はまず戦うが、やがて自分に必要なのは内なる抵抗や無用の争いではなく、力を合わせ、調整し直し、状況を最大限活用することだ」と気がつきました。問題や疑問と力を合わせることで探し求めていた「解」へ導かれ、愛する武術と自分自身をより深く理解できたのです。

問題に粘り強く取り組む過程では、発見したことを追跡して考えを整理する方法として、日記などの「書く」というツールを活用することをお勧めします。考えを抱くだけではいけません。それを書き留めるのです。あなたが好きなこと、興味を持ったこと、実験していること、思いついたこと、抱いている夢を、物理的に追跡するために。考えを抱いただけで、それを具体的な行動に移せるような方法で表現しなければ、漠然とした夢や記憶の中に断片的にしか残らず、現実の行動計画に結びつかずに終わってしまいます。

私が初めて会社経営に着手したときもそうでした。成し遂げたい構想があったのに、それを人にうまく伝えられなかった。まだ自分のビジョンや使命、価値観といったものを簡潔で表現豊かな言葉にしっかり落とし込めていなかったからです。指示を受けた社員たちには、いくら私を信頼していたとしても、会社という船がどこへ向かっているのかよく見えなかったでしょう。私の頭の中に大まかな構想としてしか、そのベクトルは存在していなかったからです。そのことが、仕事に不可欠な主体性を全員から奪ってしまいました。

頭の中の構想を具体的に紙の上に漉し取る作業は、自己実現にとって重要な行為です。とりわけ、ともに働く仲間に対しては自分の構想や発見についての説明責任があり、それを忘れてはならないのだと改めて気づかせてくれます。紙やコンピュータは自分のプロセスを進め、気になっている疑問を列挙する場として有用です。作業場であり、転落防止ネットであり、遊び場であり、自分を解放する場にもなるのです。

父は職業人生で発見の道筋に明確な道しるべを設定し、自助努力を大いに推奨しました。ただしそれは、書店の精神世界コーナーを頻繁に訪れればいいという意味ではありません（いろんな分野の本を読むよう父は説いていましたが、父にとって〝専門的な書籍〟は〝心の糧〟でした）。彼の言う〝自助努力〟は、自分を助けられるのは自分しかいないという意味です。誰かに助けを求めているときも、自分を助けるのはあなたです。本を読む、日記を書く、よき相談相手（メンター）を探す、心理療法（セラピー）を受ける、信頼できる友人と問題に取り組む、瞑想するなど、助けを手に入れる方法はいろいろあります。ただ自助努力とは、あなた自身が自分のために解決策を追い求め、どこに発見があるかを探し、何がうまくいってうまく何がうまくいかないかを学び、自分の長所と短所を理解することに他なりません。自己強化のプロセスなのです。

父は次のように述べました。

> 真剣に物事に打ち込んだ経験と猛勉強を通じて、最終的に、最大の助けとは自助であることに気がついた。自助努力以外に助けはない。自助にはさまざまな形がある。日々の発見、最善を尽くす誠実な姿勢、不屈の努力、そして、人生は終わりのないプロセスだから終点も限界もないという認識。

好奇心を失わず、自分をじっくり見極める姿勢を整えたら、私たちは勇気を持って恐れと正面から向き合い、自分の理解を自分の経験に組み込む準備を整えなければいけません。新しい発見につながる独自の探求をたえず行っている状態が、自分の可能性を発見し、結果として自分の流れを見つける手段になるのです。この学び、この発見、このプロセスは無限で、それゆえ私たちの可能性も無限であることを興奮と驚きを持って受け止めましょう。

たしかに、私には毎日のように新しい事実や発見があるかもしれない。しかし、それを以て何かを達成したとはいえない。私はいまも学んでいるところで、学びは無限なのだから。

第四章

相手

自分を知るとは、他者と協調しながら
自分を見つめることだ。

注・本章では“相手”という言葉を“敵”と捉えないようお願いします。ここでの“相手”はスパーリングパートナーのようなものです。私たちとつながり、私たちを刺激し、私たちが進歩できるよう、美しくも高度な形で挑んできてくれる人のことなのです。

ラオの時間

映画『燃えよドラゴン』には〝ラオの時間〟と呼ばれる場面があります。主人公リーを演じる父は外で客人と会ったあとそこを離れ、ラオという弟子を指導する。少年と父が礼を交わしたところから場面は始まります。

リー：蹴ってごらん。蹴るんだ。
ラオはリーに向かってきれいな横蹴りを放つ。
リーが彼を止める。
リー：何だ、いまのは？　見せ物か？　大切なのは気持ちを込めることだ。さあ、もういちど。
ラオは蹴り直すが、こんどは少し険しい顔で、一度目より大きく、わずかに焦点のぶれた蹴りを放つ。リーがふたたび止める。
リー：〝気持ち〟を込めろと言ったんだ。怒りじゃない！　さあ、もういちどやろう。ここで私と。

ラオはリーに集中し、リーの胸をめがけてきわめてシンプルな蹴りを放ち、さらにもういちど蹴る。二人は調和の取れた動きを見せ、ラオが蹴り、リーはその蹴りに合わせて動く。リーは満足そうだ。

リー：よし、それだ！　どう感じた？

ラオ：ええと……

ラオがいまの経験を頭の中で分析しようとしたところで、リーはぴしゃりとその頭を叩く。そしてラオを叱る。

リー：考えるな。感じるんだ。これは、遠くにある月を指さすようなものだ。指に神経を集中していては、その先の天空にある美しい輝きを全部見失ってしまう！　わかるか？

ラオは忠告にうなずく。二人は背筋を伸ばして向き合い礼をする。ラオは低くお辞儀をし、地面を見る。リーがまたラオの頭をぴしゃりと叩く。

リー：けっして相手から目を離してはならない。礼をするときでも。

二人は目を合わせたまま礼をし、ここで指導は終わる。

父が自分の格闘哲学の理念を説明するために書いたこの場面には、映画中もっとも象徴的な台詞(セリフ)があります。この小さなやり取りに、父の武術と人生、いまという瞬間の〝あるがまま〟

と真摯に向き合う信念についての本質的な価値観が詰まっているのです。

弟子が最初、完璧なまでに美しい蹴りを放ったとき、父は「何だ、いまのは？ 見せ物か？」と言う。言い換えれば〝誰を蹴ろうとしているのか〟〝なぜ蹴ろうとしているのか〟。だって、いい蹴りですよね？ きれいだし。でも、それがあなたと私がいる場所とどうつながっているのか。その目的は何なのか。あなたは何を表現しようとしていたのか。あの蹴りは状況から切り離された演武の蹴りのように見えます。

「大事なのは気持ちを込めることだ」と父は諭します。

少年は再度試みる。しかし〝気持ち〟という言葉を攻撃的感情と取りちがえます。だから自分を奮い立たせ、険しい顔で力まかせに蹴りを放ったのです。そこでリーは「〝気持ち〟を込めろと言ったんだ。怒りじゃない！」と叱ります。父が言う〝気持ちを込める〟とは、文脈のことです。この場面と適切な関係を結び、いまの状況、つまりいま起こっていることのエネルギーを感じ取る。師弟関係に怒りは不適切でしょう。リーは「さあ、もういちどやろう。ここで私と」と続ける。私とつながれ。私を蹴れ。きみの意図を私に向けろ。向かってこい。いま私はここにいて、状況にふさわしい意図を持って蹴ってこいと求めている。だから、私に集中しろ。きみの意識をぶつけてこい。自分に私を組み入れろ。いま私とともに経験するのだ、ということです。

ラオは再度試み、こんどの蹴りは集中しています。目標と目的が定まった蹴りです。二人ひと組で踊る舞踊にいそしむかのように、二人は動いていく。そこでリーが快哉を叫びます。よし、それだ！「どう感じた？」と彼はラオに訊く。ラオは考え込むように指をあごに当て、リーから視線を外して考えます。気をそらして頭の中に入り、いまの経験を思い返して分析しようとしたのです。そこでリーはラオの頭をぴしゃりと叩く。

「考えるな。感じるんだ」経験と自分を切り離して分析してはならない。いまあったことから自分を切り離すな。ここから消えてはいけない。リーは「どう思った？」ではなく、「どう感じた？」と訊きました。いま私とこれに携わっている状況をどう感じたか。私とともにいて、その感触とともにいて、起きていることに直接反応できているか。リーはさらにこう続けます。

「これは、遠くにある月を指さすようなものだ。指に神経を集中していては、その先の天空にある美しい輝きを全部見失ってしまう」経験の一部だけに気を取られていると、経験全体の美しい輝きを見失ってしまう、ということです。経験はまだくり広げられている途中で、そこにはさらに深い理解が存在する。最後にリーは、「けっして相手から目を離してはならない。礼をするときでも」と注意します。立ち去るときでも、けっして自分を完全に切り離して意識を遮断してはならない。いまこの瞬間にとどまること。意識を保ちつづけること。

この場合、〝相手〟との関係は師弟関係です。師は弟子が自分といまの状況に直接つながれるよう指導しています。単によくできている形式的なレッスンではなく、スパーリングの相手に同じ瞬間にいることを求めている。本当の意味で二人がつながり合うことを求めている。格闘家は相手と積極的な関係を結んでいないと、自分に向かってくるものに無防備になります。つまり、やられてしまう。人生を生きるというより、仕切られた壁の向こうでひとつのパターンを生きることになる。相手や環境の変化を刻々と感じ取り、それに対応するのでなく、手順や動きのプログラムをこなすだけになる。

結局、格闘とは強い結びつき以外の何物でもありません。相手はあなたが放つあらゆる攻撃を防ぐだけでなく、自分の攻撃を加えてきます。あなたから読み取った信号に直接反応してそれを行います。あなたのエネルギーや反応時間、自信を持っていそうか否か、経験を活かした動きをしているか、自分の目を見ているかなど、あなたのあらゆるパターンを感知します。あなたとつながりながら順応していく。戦略を変え、技を変え、戦術を変えてくる。あなたが攻撃を放ったときには、いったい自分のどこに穴を見つけているのか探る必要がある。逆もまた然り。これは舞踊です。人との関係で成り立つものなのです。

心当たりがあるでしょう。あるはずです。私たちは毎日たがいを評価し合い、エネルギーを感じ合い、状況に応じて調整し合っているのですから。楽しみにしていた友人とのランチ、意気揚々とやってきてお店に着いてみたら、相手は元気がなくムスッとしている。それに気づいたあなたは少しギアを落とすでしょう。どうしたのか尋ね、笑わせようとするかもしれません。自分の感知していることをもとに、自分の得た情報に対応しているのです。店のレジ係や郵便配達員など見ず知らずの人とのやり取りでも、相手が横柄な人か気持ちのいい人かに気がつき、戸惑いながら応じたり、にこやかな笑顔で応じたりする。私たちはたえず人間関係の中にいて、その関係はたがいの内面を反映しています。

人が学び成長するには、人との関わりが必要になる。あなたのゲームをレベルアップするにはスパーリングの相手が必要になる。簡単にいえば、あなたが自分自身をもっと明確に理解できるよう、いついかなるときでもあなたの前に立って力を貸してくれる人が、あなたにとって最良の相手です。あなたの痛い場所はどこか、どうすればもっと進歩できるか、どうすればあなたの光をもっと明るく輝かせられるかを、その人が教えてくれる。あなたはたえず環境に反応するので、環境はあなたを映す鏡になる。では、あなたは自分についてどんなことを学べますか。自分の無知の原因はどこにあるのか。そこからどうよくなっていくのか。ただし、注意してください。大事なのは相手に勝ることではなく、自分が進歩することです。相手との関係性は腕比べではありません。

競争なきモデル

不思議に思うかもしれませんが、ブルース・リーは試合に価値を認めていませんでした。彼は真剣勝負にこそ価値があると信じ、当時の競技大会に出場しなかったという話は前にしました。父は後年、基本的に競争することは個人や精神の成長、さらにいえば武術に秀でるための正しいモデルではないという考えに至りました。競争に身を投じると、自分の外で起こっていることに縛られ、そこに意識が集中する。誰かに勝ったり賞を獲ったりするためだけに、あなたは努力しているのか。それとも、自分が成長するプロセスに興味があるのか。競争は何かにつけて人を勝者と敗者に分類します。協力関係や共創の関係を育むのでなく。競争は私たちを〝自分〟から切り離し、たがいに争わせます。

競争の中では、可能性をフルに発揮できません。自分を隅々まで観察して独自の経験を最大限つくり上げるのでなく、勝つことだけに執心してしまうからです。私たちは勝つために何百時間もかけて相手の能力を分析しながら、自分自身については非常に限られた情報しか学んでいないのではありませんか？　この競争というモデルにおいて私たちが学ぶことは、「本当の自分になるための何を自分は持っているか」ではなく、「自分にない何を相手は持っているか」

になってしまう。

水に目を向けたとき、そこに見えるのは周囲と競うことなく共創・共生している姿です。水は土に勝ちたいと思っていない。水はただ水である。土はただ土である。ときに水は川の土手を乗り越える。川の土手が水の流れを変えるときもある。中立や無の状態には競争がない。それは、比較や判断が存在しないからです。人生は競争ではありません。共創です。私はよく、人にこんな助言をします。競わなくてはならず、それが(いまのところ)あなたを駆り立てる様式であるなら、自分と戦うといい。自分を駆り立てる。自分を高める。自分を成長させる。競争には勝者と敗者の概念が付きまといますが、心を開いた中立状態で経験にひとつひとつ取り組み、その瞬間にしっかり存在することを選んだとき、そこに勝ち負けの入る余地はありません。目の前で展開していることと、自分がどう対応するかの選択があるだけです。人生という大きな絵に勝ち負けはないことを早く学べれば、競争という感覚を離れ、シンプルで活動的な状態により早く移行できるようになる。

もちろん、人は年がら年じゅう何かで勝ったり負けたりします。その意味では、人が〝よい〟人生を送ったかどうかを外から測る方法はあるともいえるでしょう。でも、自分にとってよい人生だったかどうか、本当のところはあなたにしかわかりません。心と魂の内側にどのレベルの満足があるかは、あなたにしかわからない。精神と感情をどんな悪魔が長年苦しめてきたかはあなたしか知らない。なので、今生の光が永遠に消えるまで、競い合うことを減らし、学ぶべき教訓や、自分に可能な方向転換、自分に可能な成長にもっと取り組むことをお勧めします。勝利も敗北もつかのまのことにすぎません。川の水は海に着いたからと言って勝利のダンスを踊ったり止まったりはしない。そのまま流れつづけます。

一日の終わりにあなたが目を光らせるべき人は、あなた自身です。あなたはどんな人生を経験していて、いまいる場所で人生をもっとすばらしいものにするにはどうしたらいいのか。あなたが誰かの前に立ち、相手に勝ったり張り合ったりに血道を上げているとき、そんな比較は自分が興じている限られたゲームの中のものでしかないことを、どうか覚えていてください。

私はあなたの期待に応えるためにこの世にいるわけではなく、あなたは私の期待に応えるためにこの世にいるわけではない……。物理的限界であれ、他の限界であれ、自分の行動すべてにたえず限界を設けていると、それがあなたの仕事と人生に波及する。限界など存在しない。停滞期があるだけなのだ。あなたはそこにとどまらず、そこを乗り越えていかなければいけない。

六つの病（やまい）

私たちがなぜいろいろな形で競争するのかを知りたければ、父が六つの病について書いています。それらはすべて、何が何でも勝ちたいという欲望から生まれるものです。この病が生じる条件はひとつ、競争に身を置いているということ。軋轢が起こったとたん、私たちがよく入り込むのがこの競争心です。そんな形で他者とつながっているときは、外からの評価を受けるため自分を相手から切り離し、本当の自分からも切り離してしまう。つまりそこには人間関係がなく、協力もなく、共創もない。勝者と敗者がいるだけです。その病をここに記します。

【勝利を求める欲望】
私は勝者でなければいけない。勝たないと敗者になる。私が勝てば、他のみんなが負け犬になる。

【技術的熟練に頼る欲望】
私は自分の偉大さを示すために知恵に頼っている。自分の賢さをみんなに知ってもらえたら、人や人の気持ちなんてどうでもいい。

【学んできたことすべてを誇示する欲望】

見てくれ。私はいろんなことを知っている。どんな事柄でもひと演説ぶつことができる。誰が何を言おうと関係ない。とくにそれが間抜けな話であるときは。

【敵を威圧する欲望】

私には力がある。まわりから一目置かれてしかるべきだ。気をつけろ！　お前の注意を引くために衝撃的で突拍子もないことをする必要があるなら、あっと驚かせてやる。

【受け身でいたいとする欲望】

私は気さくな人柄です。私を嫌いな人はいないでしょう。私はとても控えめで優しい。どんなに私が好感の持てる人か知ってもらうためには、自分にとって大事なことも全部二の次にします。あなたのためだけにすべてを犠牲にする私を、あなたが好きにならないわけがないでしょう。

【冒された病弊をすべて取り除こうとする欲望】

私はいまのままでは大丈夫ではない。自分をよくするためにつねに自己鍛錬し、できるだけ多くの本を読み、講座を受講している。そうすれば、たくさんくだらないことを続けていたとしても、つねによい人になろうと努力していることが伝わるだろうから。いまのままではだめだとわかっている。そしてあなたも、いまのままでは私がだめなことを知っている。でも、私が努力しているように見えるかぎり、本当の意味でよくならなくてもかまわない。

これらの罠にはどれも「外から認められたい」という執着があり、それはいずれ人々と状況から私たちを切り離してしまいます。そこにあるのは、〝相手〟を操縦したい、あっと言わせたい、威圧したいという欲望だけ。病から抜け出したいという健気な欲望にさえ、自分を〝苦しめられている人〟と特徴づけたい気持ちが潜んでいて、それゆえ自分自身の力を否定しています。

自己分析のツールとしてこれら六つの病を挙げたのは、他者と関わるとき誰もがこういうことに染まってきたからです。自分の中にこのうちのどれかがあることに気づけますか？　もう少し深く掘り下げたら、この病の原因である自分を傷つけるような物事の受け止め方に気づいて、治療を始められますか？　自分の小細工に気づく意識、自分の痛いところを感じる自由を持ちましょう。このような病は、頭とエゴから生まれる妄想にすぎないことに気づいてください。

まわりの人が自分に厳しいと愚痴をこぼしていませんか？　その自分はどうですか？　人を非難していますね。人が優しく接してくれないからと、人に冷たい態度を取っていませんか？　つまり、あなたは人に優しく接していないのです。誰かのことを「陰口を叩く人」と、陰口を叩いていませんか？　自分を好きになるのが〝正しい〟ことなのに、好きになってくれないからあなたは怒っている。いい態度ではありません。鏡を見て理解しましょう。あなたは治療法を見つけて完治しようとはせず、病の人生を延長しようとしていることを。

これらの病はいずれも罠で、あなたを孤立させて成長を止めようとします。勝利を追い求めたり他者の目を通した承認欲求を満たそうとしているとき、あなたはつねに自分の成功を外に求めていて、自分自身に握らせていません。そうすることで本当の自分から自分を遠ざけています。結果への執着は、本当の自分への愛着を否定することになるのです。

携わっていることに結果を期待するのは大きな間違いだ。勝つか負けるか、結果を考えてはいけない。戦うべき相手などなく、実体のない幻にすぎないと理解することだ。

スパーリングパートナー

人とのつながりが自己発見のプロセスになる。人とのつながりが自分を発見する鏡になる――存在するとは、人とつながっていることなのだ。

人とのつながりの中で自分をつぶさに観察するとき、比較や決めつけは禁物です。選択なき気づきと心を空っぽにする話を思い出してください。正しいも間違いもない。あるのは〝あるがままの状態〟だけ。自分を磨く過程で自分を恥じたり責めたりする必要はない。人に恥をかかせたり人を責めたりして悦に入ってはならない。必要なのは観察して、自分の反応から明らかなことに気づき、それに好奇心を抱いたうえで、前進する方法を選ぶことだけです。理屈は簡単でも、このプロセスは容易ではありません。他者の目を通して自分と正面から向き合えば、ハッとさせられたり居心地の悪い思いをしたりするかもしれない。とくに、自分が人生の現在地に満足していないときは。しかし、本気で見ようとする勇気があれば、人とのつながりは自分の姿をくっきり映す澄んだ反射池でもあるのです。

私の親友で理知的なカウンセラーでもあるトニー・リロイは人に褒(ほ)められたとき、「私はあなたを映す鏡にすぎません」と返します。素敵な答えだし、そのうえ真実です。つまり、人とのつながりは当事者間のエネルギー交換なのです。それを意識することも意識しないことも私たちは選択できる。人とのつながりは自分について学び自分に気づく最適の場所になります。パートナーや伴侶や親友のみならず（彼らは大事なスパーリングパートナーですが）、出会う人すべてとの関係がそうなのです。私たちはいかに行動し、自分の外の状況に内側からどう反応するかを選ぶことで、自分の現実をつくり出していくので。

では、よきスパーリングパートナーとは？　格闘家が試合の準備を整えるときは強い相手、つまり自分と同等以上に戦えて、打ち合いでほんの少し自分に勝る相手とスパーリングをしたいと考えます。簡単にあしらって倒せる相手では、自分のどこを鍛える必要があるかが見えてきません。上達の課題が見えてこないのです。

特定の状況で力を借りるスパーリングパートナーもいますが、じつは、私たちはあちこちでスパーリングパートナーに出会っています。とりわけ自分の性格には自分で気がつかない部分があるので、人生という旅を歩むあいだ、自分に有益な情報を誰が持っているか気づかないことがあります。でも、人間関係の力学に気づき、自分とのやり取りや交流相手自身にもっと興味を持てれば、そこには、自分が自身から何を隠しているかを知る手がかりが生まれます。すべての出会いは自分の内面がどんなはたらきをしているかについて、理解を深めるチャンスなのです。

　私たちは自分を責める指先を押しのけるたび、その指を元へ戻さなければいけません。自分が向き合っている相手は目の前の人ではなく、自分自身だからです。私は最近、友達と思っていた人からひどい仕打ちを受け、激しい怒りに駆られました。愚痴をこぼし、はらわたが煮えくり返る思いをし、相手を無能で理不尽な人と決めつけました。でも、その指先をわが身へと戻したとき、そこにいたのは裁きと正義を振りかざしている自分でした。

　私が苦労していたのは、相手の無意識の行動を（意識的な行動であっても）許すことそれ自体よりも、自分自身の行いとまっすぐ向き合うことでした。

　だから、頭にきたり怒りが甦ってくるたび、〝彼を許したとき、自分を許せるのよ〟と自分に言い聞かせました。相手の行動から相手を判断しなくなったとき、自分の反応から自分を判断しなくなりました。自分が正しいと信じるために、その人が間違っている必要があったのです。自分が正しいために相手が間違っていなければならないとしたら、それで本当にいいのでしょうか？

責任のなすり合い

困難に直面することの意味はひとつしかなく、それにあなたがどう反応するかだ。それはあなたにどう影響するか？　心が安定していれば、あなたはそれに易々と対応できる——今日は土砂降りでも明日はまた太陽が出てくるさ、ベイビー、とばかりに。

他者とのつながりから自分の人生や自分を見つめることは大切で、有益なことですが、「気がついている」とか「わかっている」という思い込みには注意が必要です。話をしているとき相手の顔に気がかりな反応がよぎったり、誰かに理由もなく食ってかかられたり、電話をすると言ったのに電話してこなかったり、急に連絡が来なくなったりする……そこで、何が起こっているかをあなたは知る。自分の価値観を支える証拠を集めようと、たちまちいろんな物語や説明が頭をめぐります。「彼女は誰のことも虫が好かないのよ」とか「彼は子どもなのよ！」と。空っぽの心と中立性を失い、急いで相手の振る舞いに説明をつけ、自分を物語の英雄や犠牲者にしようとする。動機や原因は全部相手に押しつけ、自分のことはすべて正当化する。

パートナーが今夜あなたとセックスしたくない？　——それは、相手がセックスを好きじゃないだけのことだ。もちろん自分とは何の関係もない。相手にどう接しているとか、相手のことをどのくらい思っているとかも関係ない。逆に、あなたが昨日三度も友達にメールを打ったのに、返信がなかったら？　――自分との友情に関心がないんだ。もう、どうでもいい！

心に痛みを感じると、ムクムクと物語が立ち上がります。被害者意識や優越意識を支える形でそこに理屈をつけ、分析し、説明する。自分の心の傷を認めるより、他人のあらを見つけるほうが簡単ですからね。そんな振る舞いに出る動機を父はこう説明しています。

おおよそどんな人にも、自分を他者の手中にある道具とみなして、自身の問題ある衝動や感情から引き起こされた行動への責任を逃れたいという強い欲求がある。

では、物語をつくって責任を逃れる衝動に飛びつかないためには、どうすればいいのでしょうか。自分の責任はどこにあり、他者の責任はどこにあるかをどう判断すればいいのか。まずは中立になることから始めましょう。コップを空にするのです。物語をつくり出さず、いったい何があったのかに目を向ける。次に、自分がよく答えをわかっていない可能性に心を開きましょう。その次は、ふたつの言葉。「感じる」と「話す」です。

永遠の学びの徒のマントを羽織り、自分を知るためにどんな調査活動をすればいいかわかっていれば、このプロセスは楽になります。自分の物語と自分の傷がどういうもので、自分の弱みと強みがどういうものか、もうある程度理解しているわけですから。まだそこまで行っていなければ、いちど自分の内面に深く探りを入れてみてください。問題は自分にあるような気がするか、自分以外の誰かにあるような気がするか。あるいは、どちらも少しずつあるような気がするか。その差をどう見分けたらいいか。客観的に考えましょう。予断を下したり白黒をつけたりせずに。見極めるのです。一歩下がって、このパターンや物語にどこか覚えがないか自分に問いかけてみる。自分の考えにどんな言葉が使われているか、耳を傾けてみる。非難しているか。批判しているか。自分を物語の英雄にし、相手を悪漢に仕立てているか。

まだ迷っていたら、口を開いて話してみましょう。相手がパートナーなら相手に訊いてみる。私とのつながりを感じますか？　私とのセックスを楽しんでいますか？　相手が友達の場合はこう訊いてみる。何か返事をしたくない理由があるのですか？　何も問題ないですか？　あるいは要求してみる。私のメールが届いていたら、あとで連絡するとご一報いただけませんか？　ドン・ミゲル・ルイスの『四つの約束』で、四つの約束のうちふたつは〝思い込みをしないこと〟と〝何事も自分への当てつけと思わないこと〟です。あなたがアピールしていないだけで、気づいていないのかもしれません。友達はあなたと関係のないところでツイていない一日を送ったのかもしれません。連絡を取ってみないと、何があったのかはわかりません。

直接連絡を取って訊くのは気が重かったら、それに気づいて、それがどういうことかも調べましょう。最近、ネット上で興味深いミームを目にしました。そこには〝必要なことを求めるのを怖がるのはトラウマ反応〟とありました（出典不詳）。考えてみてください。自分の欲求や要求が評価されていないと感じたのはいつだったか。なぜそんなふうに感じたのか。時間をさかのぼって紐解いていきましょう。

結局、私たちの苦しみは、自分の幸せと安らぎの責任を外に押しつけることから生まれます。気分がよかったり悪かったりするのは、他の人や出来事のせいだと考えて。人や物事や出来事に執着し、そこに魅力的（欲しい）や魅力に乏しい（いらない）といったレッテルを貼ることで、安心や自信、満足といった心に及ぼす力を得ているのです。

父は「人が挑みかかり非難するのは、自分に不安で、何かわからない目標を達成する手段として戦いを利用したいからだ」と言いました。なので、いちどその不安を認識したところで、内面にあるその目標が何かを突き止めましょう。そこにある傷を暴くのです。あなたは内面に巣食う何かが原因で人を非難しているのか？　それとも、人の反応に「疑わしきは罰せず」を適用して、何があったのか突き止めようとしているのか？　人間関係という鏡に映ったものを見て学びましょう。リングに上がってスパーリングをする勇気があれば、知る必要があることは全部そこにあるのです。

責任を負う

人間関係の鏡に映る姿はつねに自分であることを受け入れ、責任のなすり合いを放棄しなければいけません。つまり、自分のことは自分で責任を取るのです。そのためには、自分はこの世界でどんな振る舞いをするか、つまり何を許して何を受け入れるかについて、自分に正直になる必要がある。

少し前、私には何年かくっついては離れをくり返していた男性がいて、その人からいつも軽んじられている気がして不満だったにもかかわらず、くり返しその人の元へ戻っていました。彼は私をどんなに愛しているかを口にし、いろんな約束をします。二人でどんなことをし、どんなふうに暮らし、どんなところへ行くか。魅力的な言葉でした。だからこそ、そこに行動が伴わなかったとき、わけがわからなくなりました。本気でなければ、私とあれこれしたいなんて言わないはずでしょう？　愛していると言っているのだから、それはきっと、私をどう愛したらいいかわからないだけにちがいない。だったら、彼にありったけの愛情をそそぐことで手本を見せてあげよう。そうすれば、きっと彼は理解する。

頭の中でそんなことを考えていました。自分の望む心遣いをモデル化して模範を示し、もし彼がそれを採用したら、自分の価値が証明されることにもなる。求めなくても私の望む気遣いをしてくれたら、私の特別さが証明されるような気がしたのです。自分自身を支え、自分を認めるのでなく、自分を認めてくれる他の人を探していた。よくある話ですね。

　結局、その人は口ではあれこれ言いながら、相変わらず私を気にかけることも、姿を見せることもしなかった。何度も縁を切ろうとしました。冷たい仕打ちを受け、振り回されたあと、ようやく関係に終止符を打ち、彼に向かって私を軽んじ無視したことを非難しました。相手を悪者に仕立てたのは、自分は正しくて自分が被害者であるはずだったからです。でも、本当に私を軽んじていたのは誰だったのでしょう。気遣い云々で大騒ぎしていたのは誰だったのか。本当の意味で心を癒し、状況を乗り越えるためには、自分が目をつぶったこと、自分を救いにみずから出動しなかったことについて責任を取る必要があったのです。結局、私を大切にしていなかったのは私でした。私は自分自身を大切にしていなかった。彼は私自身の姿を映していただけでした。彼の言動に問題がなかったとは言わないけれど、だからといって、自分に罪がなかったことにはなりません。

　このあと、それまででいちばん深い個人的作業を行いました。さんざん怒ったり失望したりしたあと（当然ながら、怒りや失望からは何ひとつ癒しや成長は得られません）、私は自分自身を深く見つめ、なぜ自分は落ち込んでいたのか、自分の抱える心の傷や問題からこの関係がどのように生まれたのかを認識する必要がありました。つらい経験でしたが、それは自己愛や自尊心、感謝の気持ちという意識につながりました。次の男女関係でこれをくり返してはならない。自分のことに自分で責任を負い、心のその部分を癒してからは、それまでにない心の平安と充実を味わえるようになりました。かつて感じたことがなかったくらい完全な自分になった心地がしたものです。

責任のなすり合いを続け、自分には何の罪もないみたいに振る舞っていたら、この境地には到達できなかったでしょう。非難すべきことがたくさんあった——だからずっと非難していました。でも思えば、私はそれまでの男女関係でもずっとこのパターンをくり返していたのです。同じことを別の風味で味わっていただけのことでした。うまく抜け出せた関係もあったのに、そこから教訓を学んでいなかった。鏡の奥にいる真犯人、つまり自分を見ようとしていなかったからです。自分の責任を自分で負っていなかった。このパターンをもうひと巡りしたところで、なぜこんなことになっているのか自分に問いかけ、自分の心の奥にある恐れや傷を深く見つめることができました。そしてようやく自分を受け入れ、自分を許し、レベルアップするときがやってきたのです。

自分のミスや欠点に対する自己批判や独善に陥るのはよくあることですが、さきほど言ったように、そうしているあいだは癒しや心の平安を得られません。間違いや失敗、過酷な現実には何の罪もないのです。むしろそれらが、自分の現実にしっかり目を向けるために必要なこともある。この経験から私が発見したように、エゴに基づく独善的な自画像を超えてその奥にある本心と魂をしっかり見つめ、自分の中にある本当の姿を理解しようとする姿勢が大切なのだと思います。自分自身との関係をもっとしっかり把握するためには、よりこまやかな感性で他者との人間関係を感じ取る必要があったのです。

人に打ち負かされるのは恥ずかしいことではない。大切なのは、打ち負かされているとき〝なぜ自分は打ち負かされているのか〟と問うことだ。こういう自省ができれば、その人には希望がある。

真のコミュニケーション、真の人間関係

ジークンドーの創設に取り組んでいるときも、父は〝粘りつく手〟を意味する黐手（チーサオ）という詠春拳の基本運動を欠かしませんでした。この種の感性鍛錬では、二人がたがいの前腕を触れ合わせたままいろんな技を行います。いつ攻撃のチャンスがあるか、いつ相手の動きに正確、迅速、適切に対抗する必要があるかを感じ取れるよう、圧力と勢いの変化に高感度で波長を合わ

せる。この練習は目隠しをして行われることもあります。相手とその動きをじかに感じ取れるよう意識を集中するためです。この訓練によって稲妻のような素早い反応と、相手の心を読む能力を培うことができます。

黐手（チーサオ）では円を描くように腕を前後左右に揺らしながら、けっして前腕の緊張をゆるめず、けっして動きを止めません。前後左右あちこちでエネルギーの交換を続け、その間（かん）ずっと、相手が何をしようとしているかを感知して素早く巧みに反応できるようにする。これは両者がつながり合っている真の連結関係で、たがいに意思の疎通と接触と繊細な感覚を発揮し合う。その中で相手を押していく。この運動には細心の注意と集中力が必要ですが、行動を起こす突破口を見つけられるよう準備を整えるという効用もあります。

では、困った人や状況に出くわしたとき、私たちはどう行動するでしょう。逃げ回って避けるだけでしょうか。それもありでしょう。利害関係の小さな人や状況ならそれでいいかもしれません。でも、関係の深い相手だったり、それが自分の抱える深い傷を突いていた場合はどうでしょう？　感情的に利害が大きく、ただ立ち去るわけにはいかない相手だったとしたら？　父は次のように書いています。

> 力に力で対抗するのでなく、相手の動きからエネルギーの流れを受け取ることで対抗する動きを完成させ、相手の力を借りることで相手を倒すべきだ。これを適応の法則という。

武術でいえばこの〝法則〟は、相手が打ち込んでくる力を利用して行動の突破口を開く感じかもしれません。黐手(チーサオ)の練習のように、相手のエネルギーに同調して即座に反応のチャンスを感知する。人間関係において個人的に避けがたい状況でも、相手や状況がよこすエネルギーを借りて適切な反応を返すことは可能です。ここで〝適切な反応〟という表現を使ったのは、格闘とちがって相手に打ち込むための突破口を探しているわけではないからです。私たちが探しているのは、この特定のスパーリングパートナーの意味を考えて、誠実に、適切な意図を持って対応するための糸口です。最終的に、心を開いてスパーリングパートナーや自分自身、置かれた状況について大切なことを学べるようになることをめざしているのですから。

私が付き合っていた男性を例に取りましょう。

その人はよいことばかり口にしましたが、二人の関係を維持するスペースを確保しようとしなかった。最初、私は力で対抗しました――激怒していたのです。彼に注目してもらおうと、ちょっとしたことで注意を引き、次に自分の心の痛みをぶつけてみた。すると彼は離れていってしまい、私の抵抗はいっそう強まりました。彼が置いた壁に私は全面的な攻撃を加えていたのです（力と力のぶつかり合い）。最終的に私は正しいことをして、彼が私に向けてくる力を借りることで状況を受け入れ（力の借用）、背を向けました。こうして水は障壁のわきを伝っていき、より深いところへ流れていきました。自分の尊厳を守り、エネルギーを維持し、自意識を支え、どうしようもない状況から離れさせてくれたという意味で、賢明かつ有効な手だてでした。誰かに自分を大切にしてもらおうとするのではなく自分で自分を大切にしようとしたのです。おかげで、二人の関係に彼が向けてきたエネルギー（撤退のエネルギー）で関係を終わらせることができました。

人間関係という鏡に映った自分を受け入れたからできたことでしょう。これに続いてもうひとつ、自分について学んだ教訓がありました。二人の関係に自分が持ち込んだものを正直に深く見つめたからこそ得られたものです。私は状況を回避するのでなく、状況に直接つながってそこから力を借り、その過程でそこにいる自分と出会うことで自分を変革し、自分を癒したのです。

次に引用するのは、私の大好きな言葉です。何かを経験しているとき遭遇する状況に、どれだけ深く自分の姿が映し出されているかを論じています。私たちは一日二十四時間ずっと世界と出会っています。その世界をどう見たらいいか知り、自分の心の物語や自分の反応する声に耳を澄ませることができたら、自分が出会うのは自分の愛であり、自分の痛みであり、自分の癒しであり、自分の好き嫌いであり、自分の信条であることに気がつきます。自分が出会うのは自分自身だということです。

世界と私はともに活発な相関関係にある。私は世界を見る者で、世界は私に見られるもの。見るべきもの、想像すべき思考がなければ、私は見ることも、考えることも、想像することもない。対象物や周囲を考慮していないと、自分自身を理解することはできない。物事や状況について考えないかぎり、私は考えていることにならない——対象物や周囲の状況から、私は自分自身を見いだすのだから。

生きるということは、人とつながる絶え間ないプロセスである。だから、孤立や予断の殻を脱し、いま言われていることそのものに直接つながる必要がある。〝これはこれ〟〝あれはあれ〟と決めつけてはいけない。まずは、自分でいろいろ調べられるようになることから始めよう。「全体から離れて運命を考える独立した自分」という誤った概念を永久に消滅させたとき、人は初めて人生の一体性を理解できるのだ。

無私

この章ではずっと、自分のつながる対象に〝相手〟という言葉を使ってきましたが、本当の意味での〝相手とのつながり〟とは、「私」と「自分の外と認識しているもの」の共生関係です。「世界」と「私」はつねに活発な相関関係にあるので、「自分の外」がじつは「私」でもあることに、あなたは気がつくでしょう。だから、「自分の外」などというものはないのです。むしろ陰陽の原理に似て、実際には対立関係は存在せず、補完関係があるだけです。「しっかりした芯を持てば、動いている円の中心から見ているかのように反対側が同じに見える」と父は言い、別の言い方もしています。「変化とともに変化すれば変化がない状態になる」換言すれば、私が本当の自分を表現して、世界に逆らわず、世界とともに動くとき、変化は抗う対象ではなく、ともに流れていくものになる、ということです。

〝相手〟を見るとき、本当の自分があらわになります。その姿を見られることを恐れてはいけません。無防備で飾り気のない、ありのままの自分でいてそれが心地よくなると、とつぜん、他の人たちもまたその人らしい自分でいて心地よく感じていることを許せるようになります。手間をかけて自分が何者であるかを理解すれば、どんどん自分の中心がしっかりつかめるようになり、対立する視点を糾弾の対象でなく全体を補完するものと見られるようになる。対立は私たちを分離し、誤った距離をつくり出すものだということを思い出してください。本当は距離など存在しないのです。なめらかな波の動きのように、あらゆるものはつながっているのだから。

「水になる」という概念が生まれたときの物語で、父が小舟に乗っている場面を覚えていますか。一羽の鳥が飛んできて、水面にその姿が映った瞬間、父は気がつきました。自分が相手と向き合ったときに必要なのは、自分の気持ちを感じ自分の考えを考えたら、そこにいつまでもとらわれず、水面に映った鳥のようにそれらを通過させてやることだと。「相手を前にしたときに湧き出た思いや感情も、水面に映った鳥の姿のように通過させてやればいいのではないか……感情や気持ちをなくすのではなく、執着や遮断のない状態で」と、父は言いました。

すばらしいと思いませんか。自分の気持ちや考えを持てたうえで、他の人がそれぞれの気持ちや考えを持つことを許すことができるなんて。自分の正しさや他者の誤りを論証する必要がなく、自分の気持ちや考えを分け合えられる。集まって、分かち合い、どちらも無傷のまま立ち去る――ひょっとしたら、それぞれの目が新しい何かに開かれた状態で。これがある意味危うい関係であった場合でも、あなたは毎回無傷で帰ることができます。相手にも安全な距離を保たせたまま。

こんなふうに他者との関係を保てる可能性を、ちょっと私といっしょに考察してみてください。静かな水面を照らす明るい満月を思い描く。片側には水、もう片方には月。両者が抱き合い、たがいを映し合うとき、両者はいっそう輝くことに気づいてください。

水は月の明るさを明らかにし、月は水の透明度を明らかにする。

第五章

道具（ツール）

一万通りの蹴りを一度だけ練習した男は怖くない。
しかし、ひとつの蹴りを一万回練習した男は恐ろしい。

あなたの功夫（カンフー）とは

この章ではより具体的に説明していきます。いま学んでいる行動原理を具現化し統合するためにどんなツールが使えるのか。概念をどうやって本物の技術（スキル）に変えるのか。簡潔にいえば、その答えはたゆみない練習です。水のようになれる魔法の呪文があるとお伝えできたら、どんなにいいでしょう。でも、章扉に引用した言葉が示すように、ひとつの蹴りがあなたの第二の天性にまでなるには一万回の練習が必要になるのです。まず、本書における功夫の意味を定義しておきましょう。

字義どおりに訳せば、功夫とは「厳しい訓練と規律によって成し遂げられた技術」です。武術から生まれた言葉ではなく、何かの達人になるには厳しい練習を積み重ね、自分を律することが必要という意味から、年月を経るうち中国武術と結びついたのです。なので、どんな分野でもいい功夫になれます。数学のカンフー、育児のカンフー、演説のカンフー。もうおわかりですね。人生の達人やあなたの達人にもなれるということです。必要なのは練習に打ち込むことだけ。では、あなたのカンフーはどんなものですか？　つまり、あなたはどんな自分でありたいですか？

自分の可能性を養うことや自己実現、流れに関心があるなら、それは、体内に住まう精神エネルギー（生き生きとした状態）とその可能性を信じ感じ取っているあなたがいる、ということです。その欲求がなかったら、この本を読んではいないでしょう。あなたの中には、人生にいま以上のものを求めるあなたがいます。どんなに恐れや疑いがあっても、溌溂として、喜びに満ち、インパクトの強い自分を夢見ているあなたがいます。

あなたのめざすカンフーが何であれ、この章では、これまで歩んできた道から抜け出して前進すべき道を照らしだしてくれる一連のツールと運動（エクササイズ）を紹介します。それらがアイデアから実行までに必要なエネルギーを高め、生き生きとした揺るぎないあなたを創出することに力を貸してくれるでしょう。ブルース・リーが示してくれたように、成長に向かう第一歩は「行動」なのです。

やめられない、止まらない

一九六八年三月二十七日、父の稽古は次のようなものでした。右の突きを五百回、左の突きを二百五十回、続いてレッグレイズ、シットアップ、サイドベンドと一連の腹筋運動を各七セ

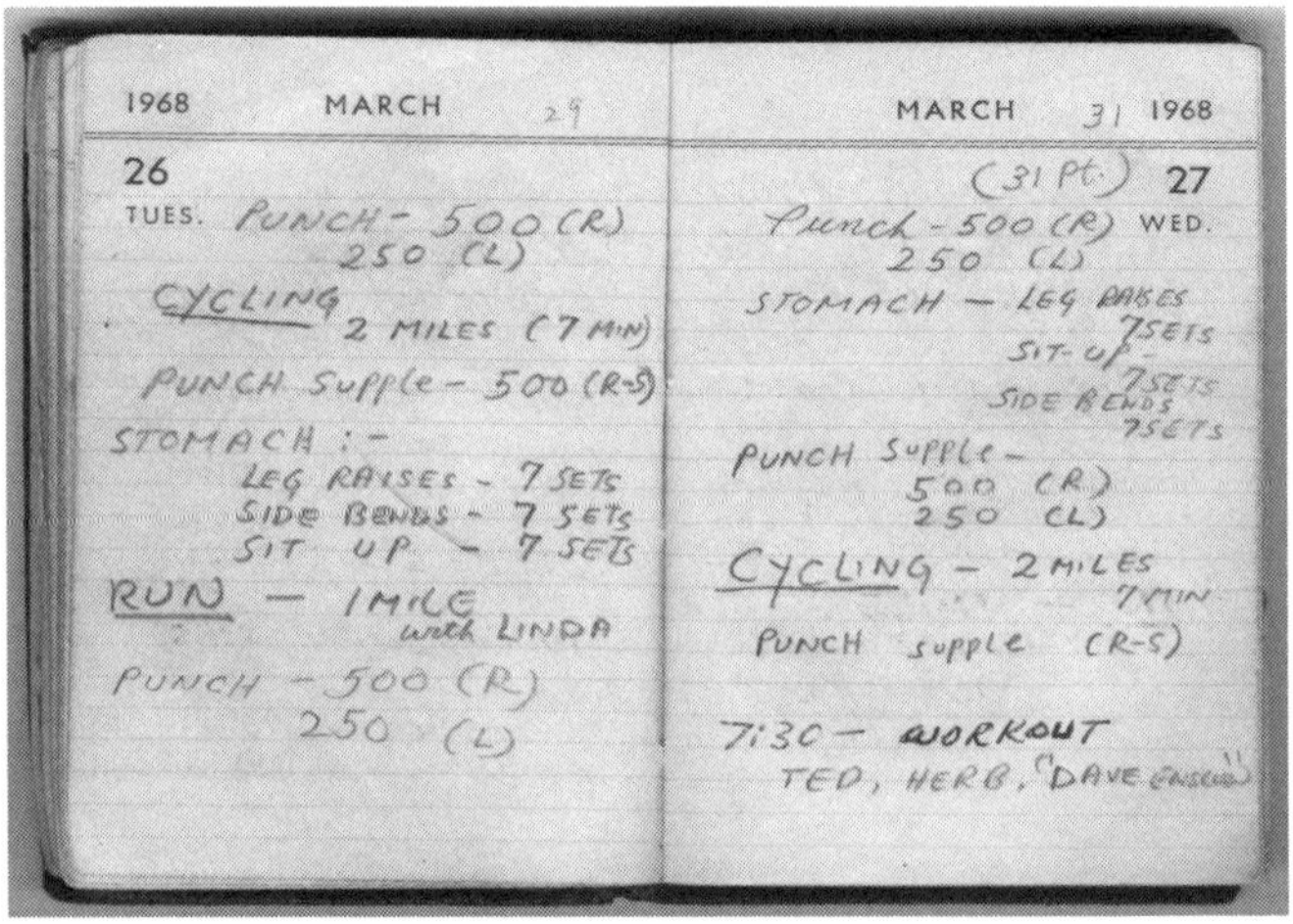

ット。その後、また突きの稽古に戻って右を五百回、左を二百五十回くり出し、自転車で三・二キロメートル（七分間）を走り、そのあとまた右の突きを五百回。午後七時半からはテッド、ハーブ、デイブとのトレーニング。前日も似たような内容で、それ以外に母と一・六キロメートルを走っています。なぜ私がそんなことを知っているのかといえば、父がカレンダー式のスケジュール帳にすべて記録していたからです。

ブルース・リーは進歩のための工程表をみずからつくり、目標を定めていました。肉体的、精神的に成長するため注意を喚起する方法や、エクササイズ、ツールも発明しました。必要な道具がないときは自分で工夫してつくり、誰かにつくってもらうこともありました。どれが効果的か判断のつかないときは最善の方法が見つかるまで実験し、その結果を検証しました。創造者であり発明家、芸術と科学を股にかける「ルネッサンスの男」だったのです。

　武術の日課にクロストレーニング運動を導入しはじめたときは、ウェイトトレーニングにも取り組みました。親しい友人でプロのボディビルダーだったアレン・ジョーを訪ねて練習を見せてもらい、それを実行して結果を得ます。でも、そこで気がつきました。力は強くなっても、あくまでボディビルダーのための運動なので、筋肉ばかりが肥大化し、武術の技を使うときにスピードが落ちてしまう。でも、ウェイトトレーニングを捨てはしなかった。やめずに調整したのです。ウェイトを挙げる利点は理解しつつ、最終的な目的にかなう形で日課に組み込むことにしました。軽いウェイトで高速反復運動を行い、さらにアイソメトリック・トレーニングへ移行させることで、最終的に自分の求める結果、つまり瞬時に反応する無駄のない強靭な肉体を手に入れたのです。

　ここで、ひとつはっきりさせておきましょう。ブルース・リーは驚異的な人物になることを約束されていたわけでも、それを運命づけられていたわけでもありません。たしかに、身体を協調させる能力は並外れていたし、生まれつき意欲にあふれてもいました。しかし、ひどい近眼のうえ身長は平均値（一七〇センチ）で、子どものころは病弱の痩せっぽちでした。脚の片方がもう片方よりわずかに短く、視力をはじめとする身体的欠陥が理由で軍役を免除されています。若いころは気が荒く、ある学校を退学になり、暴力団や刑務所に入りかけ、もっとひどいことになりかけたこともありました。

ブルース・リーが驚異的だったのは、彼のような人間になるためにたゆみない努力をしたからこそです。いくつかすばらしい素質に恵まれていたことは確かにせよ、絶えざる努力がなければ世界的偶像にはなれなかったでしょう。私たちだってみんな、すばらしい素質を持っています。あえてそう言うのは、ブルース・リーは自分にはない破格の才能に恵まれていただけだ、と考える人がいるからです。仮にそれが真実だとすれば、彼独特の労働倫理と考え方がそれに当たっていたのかもしれません。でも、友人の皆さん、それは努力で培えるものなのです。

父が身体鍛錬、柔軟運動、執筆、読書、教育、仕事を並行して日常としていた話は枚挙にいとまがなく、何もしていないときはなかったのかと、あるとき私は母に尋ねました。すると母は（私は個人的にがっかりしたのですが）「なかったわね」とあっさり答えました。読書中やテレビでボクシングの試合を見ているあいだにも柔軟運動をしたり、何かしらの活動にいそしんでいたそうです。エレベーターを使わず階段を上る。使うときでも、自分の階へエレベーターが来るまで腕立て伏せをしながら待っていた。それが父なのです。

衝動に突き動かされていたのか、情熱的だったのか、強迫観念に憑かれていたのか。あるいは、時間が限られていることを体内時計が感知していたのかもしれません。表現の仕方は自由ですが、父は内なる炎を感じていました。より重要なのは、その炎に注意を払っていたことです。実用的な方法を編み出すことで、その炎が強靭に育つようみずから煽りました。自分の可能性と夢の実現追求にあたり、想像力や努力を手放して歩みを止めることはいっさいありませんでした。「知るだけでは足りない。取り組まなければいけない。やる気だけでは足りない。実行しなければいけない」と。

そう、ブルース・リーが生まれながらに超人だったとすれば、凡百の人たちを凌駕していたものは、端的にいって超人的な意欲でした。意欲は養えないと思ったら大間違い。絶対、養えます。ただし、それには努力とたゆみない練習が必要です。前述のとおり、この章では父が心身の鍛錬に使ったツールを紹介します。それらをつぶさに観察すれば、彼のたどったプロセスが見えてくるでしょう。また、彼が実行した体系的な取り組みの中から何を取り入れれば自分の意欲を養えるかも確かめられるはずです。

ここで挙げるのはすべてを網羅したリストではありません。実用を旨としたものに絞ってご紹介したいと思います。実存にまつわる大きな話はまたあとで。あなたに知っておいてほしいのは、変革の意思と自分の道を見つけたいという真摯な思いがなければ、これらのツールも機能はしないということです。ツールを使うか使わないかは別として、あなたの道は誰でもない、あなたが歩むものなのです。

第一のツール：狙いを定める

一九六九年、父は「揺るぎない主要目標」と題する文書を作成しました。自筆の一枚の紙にはこう書かれています。

私ブルース・リーはもっとも出演料の高いアメリカ初の東洋人スーパースターになる。その代わり、最高にわくわくする演技、それも俳優として可能なかぎりの最高品質を提供する。まず一九七〇年には世界的な名声を獲得し、八〇年末までに一〇〇〇万ドルの資産を形成する。思うままに生き、心の調和と幸福を手に入れる。

文尾には彼の署名があり、一九六九年一月と記されています。かなり大きな目標設定です。もちろん、一〇〇〇万ドルという目標を達成する前に父は亡くなりました。世界的な名声を得たのは一九七三年ごろですが、その目標に向けて努力を開始し、結果を残しはじめたのは香港で最初の映画を撮った一九七〇年でしょう。そこからの数年は大奮闘と言っていいと思います。

さて、あなたには大きな目標や夢がありますか？　なくてもかまいません。ある必要はない。

SECRET

My Definite Chief Aim

I, Bruce Lee, will be the first highest paid Oriental super star in the United States. In return I will give the most exciting performances and render the best of quality in the capacity of an actor. Starting 1970 I will achieve world fame and from then onward till the end of 1980 I will have in my possession $10,000,000. I will live the way I please and achieve inner harmony and happiness

SECRET

Bruce Lee
Jan. 1969

私もありません。本当です。あるとしてもそれは、〃世界をよりよい方向へ変えていく〃という、きわめて漠然とした願望です。小さな具体的目標をたくさん持つことで、それがいつか明確な大目標へと収斂していくこともあるでしょう。でも、もしあなたにいま大きな目標や夢があるなら、文字ではっきり書き出して、そこに活力を吹き込んでください。

活力を吹き込むとはどういうことでしょうか。『ザ・シークレット』〔ロンダ・バーン著〕のような〃引き寄せの法則〃を説く本は、自分の目標をいままさに起こっていることのように信じること、とくり返し言います。でも、多くの人はリアリスティックなので、なかなかそれを信じられない。その論理を受け入れがたく、引き寄せの法則が実現するとは思えない。だったら、目標のことを考えるたびに、その目標にもういちど気持ちを奮い立たせてもらってはどうでしょう。目標のことを思うたびに、あなたのエンジンの回転数は上がっていく。心臓の鼓動が速くなり、想像力もふくらんでくる。目標を思い出すときに大切なのは、そのつど自分自身の熱意とあらたに向き合い直すことです。目標を夢見るなかで喜びに浸る。そうして点火された意欲によって自分に活力を吹き込めば、目標へ続く道を進んでいくことができます。いってみれば、究極の目標が達成される可能性と目標それ自体の手触りをことあるごとに意識し、楽しむということです。

このように大きな目標を自分の中で明確に感じることが大切です。目標が明確でないと、そこに向かって努力することも難しく、したがって達成も難しくなる。目標を〝どう〟達成するか、つまり達成に必要なステップをどう踏むかで悩み、立ち往生していてはいけません。思いどおりの展開にはならないかもしれない。道のりの途中で目標が形を変えるかもしれない。だから、〝どう〟という手段の正確さにとらわれる必要はないのです。はっきりした形の最終的な展望をつねに意識し、またエネルギーを保って旅を続けていけば、そのうち思わぬ変化が起こることもあるでしょう。だから、そういう可能性にも心を開いておくことです。目標が少しふくらんできても、芯はぶらさずに見据えつつ、その達成に向けるエネルギーを変わらず持ちつづけてください。

父は「揺るぎない主要目標」を書き出す前からすでに、成し遂げたいことを文字に表していました。二十一歳だった一九六二年、香港で家族ぐるみの友人だったパール・チョーに洞察に満ちた長い手紙を書いています。アメリカで何年か過ごした父は、この国では空手や柔道など日本の武術は普及しているのに中国拳法はそうでないことに気づきました。自分の愛する武術と文化を広める余地が大きく開かれていると見定めた父は、パールへの手紙の中でカンフー教師として人生の軌跡を描く展望を語っています。

私の目標は、将来アメリカ全土に広がる國術館の第一号を設立すること（計画完了までの時間を十年から十五年と設定した）。営利だけが目的じゃない。目的はたくさんあるけれど、そのひとつは中国武術のすばらしさを世に知らしめることです。人に教えるのは楽しいし、人の力になるのも楽しい。家族のために立派な家を持ちたい。独自の何かを生み出したい。最後にいちばん大事なことを書きます。グンフーは自分の一部だということです。

……いま私は自分の考えを未来に投影することができます。自分の前方が見える。私には夢があります（現実的に夢を追求する者はけっしてあきらめません）。いまは地下の小さなスペースしか持たない身ですが、この夢がいったん本格的に動きだしたら、五、六階建ての立派な國術館がアメリカ全土に輪を広げていくことでしょう。簡単にくじけず、障害物を克服して挫折を乗り越えた先で、

〝どてつもない〟目標を達成している自分の姿がありありと目に浮かびます。

水晶のように澄みきったこの明瞭さに拍手を送りませんか。父は自分が何をしたいのか、なぜしたいのかを言葉にし、その何が自分の魂に共鳴し、魂の糧になるのかも言葉にしています。前へ道を歩んでいく困難さを認めながらも、目標達成の明確な時間設定を行っています。美しい。そして明快です。

目標を明確にすることが重要なのは、行動計画に基づいて決然と前進していくのに役立つからです。しかしそれだけではなく、障害物が立ちはだかったとき（障害物はかならず現れます）立ち往生したり、自分と異なる見方を持つ善意の人たちに惑わされたりしないために、〝魂の目的〟を明確にしておく必要もあるからです。目標がはっきりしていれば、何が起きてもそれを持ちつづけることができる。

本当の自分を知ろうとする作業に取り組むとき、自分が何者かについての深い知識があれば、地に足をつけて力を発揮できます。明確な芯を培うことで安心や落ち着き、毅然とした態度が生まれます。とくに茨の道が続いたときや、ギアを切り替えて次の段階へ行くタイミングを計るときには。自分が何者で、何を求めているのか、何に情熱をそそぐ人間なのかを知ることは、けっしてあなたを裏切りません。さらに、明確な目標と明確な夢を持つことで、簡単に妨げられないまっすぐな軌跡を設定できる。

目標を明確にできれば、それだけで半分勝ったも同然です。夢が心に感じられず、心の目に見えない場合、それはあなたの夢ではないかもしれません。他の誰かの夢かもしれない。あなたの夢はあなたを興奮させ、魅了するものでなければなりません。そうした夢さえ持つことができれば、それを達成するための厳しい努力や苦闘もすべて価値あるものになるのです。あなたは、その夢を全部つかむのですから。

第二のツール：行動を起こす

父は自身の事務所に、あるポスターを貼っていました。歳月が流れ、父が亡くなったあとは十代だった兄の寝室の壁に貼られ、いまは私の事務所の壁に貼られています。これを見るたび微笑まずにいられません。いかにも一九七〇年代らしいデザインで、不毛の砂漠を見下ろす枯れ木の枝に漫画めいたハゲタカが二羽留まっています。地面には牛の頭蓋骨が見え、何キロメートルにもわたり生き物の姿はない。片方のハゲタカがもう一羽に言っています。「辛抱なんてバカのすることさ。見てろ、オレが何か仕留めてやる」

PATIENCE, MY ASS!
I'M GONNA KILL SOMETHING!

まさに、父の台詞のようです。父は忍耐とおだやかさ、そして譲歩できる力の価値を認めていましたが、このあと解説するように、足踏みをして時間を無駄にする人間ではありませんでした。自分の向かうべき展開のために総力を挙げ、そのために特別な手段を講じる必要があるならそれはそれで仕方がない。うまくいかなくても、壁に頭を打ちつけて悔しがったり、執拗に続けて時間を無駄にすることはない。自力で実現できる可能性があるとき、いつまでも来ないものを待つ必要はどこにもありません。試してみないとわからないのですから。

ブルース・リーの強みはその行動力にありました。座して夢を見なかったという意味ではありません。それどころか、大きな夢を見て、それにしゃかりきに取り組みました。「行動に支えられた現実的な夢追い人であれ」というのが父の口癖でした。ここで言う〝現実的〟とは、夢は叶うと信じること。ブルース・リーにとっては、一九七〇年代の偏見に満ちたハリウッドで押しも押されぬ中国系トップ俳優になることが現実的な夢でした。

ただ夢や目標があっても継続しなければ停滞します。人間の脳はいつでも考えることをやめず、身体も感じることをやめないので、放っておくと考えや感情が滞留してくる。すると行動力が麻痺してきます。行動意欲が麻痺すると、自分には夢をつかむ能力がない、自分はそれに値しない人間だというネガティブな証拠を大量に積み上げはじめ、夢を手放しまうことになりがちです。それに対し、目標を紙に書き留め、最初の一歩を踏み出してコツコツ行動していると、それを達成させるエネルギーが高まってきます。行動がさらに行動を生み、そんな慣性の法則が歩みを後押ししてくれる。ニュートンの法則を思い出してください。〝静止している物体は静止を続け、運動している物体は運動を続ける〟。運動している物体になりましょう。

目標を追求したい、実行力を養いたいと思ったら、これと決めた行動に心血をそそがなくてはいけません。そのためにどうしたらいいか。第一のツールに従い、まず「何をしたいか」を明確にすることから始めましょう。狙いを定めるのです。行き着きたい場所がはっきり見えないときは、小さな目標へ向けて小さな行動を起こし、最終的に夢の全体像が明らかになってくるようにする。

人生で大きなことをしたいと思う前に、自分の部屋をきれいにすることさえできていないのでは？　だったらまず、部屋の掃除から始めましょう。次は、あなたの道を遮断しているものが何かあるか。そこに狙いを定めましょう。どんなにくだらないとか関係ないと思っても、まずはあなたを悩ませていることを処理しましょう。自分のことは自分でき、自分の問題は自分で解決できるという自信をつけるのです。私なんて、食料雑貨店にたどり着けただけで、今日は大成功と思えるくらいですから。

では、始めるとしましょう。練習する。実験する。適切な姿勢でいろいろ試してみる。姿勢がすべてです。「不可能と思えば不可能になる。悲観的な姿勢は成功に必要なツールを鈍らせる」と父は言いました。誤った姿勢は人の歩みを遅らせ、能力を妨げます。

何かを試して実験の結果が出たら、いつでも行動の軌道を変えてかまいません。旅の途上で〝いまこの瞬間に集中する〟とは、ある方向がうまくいかないときにそうとわかるくらい意識をはたらかせる、という意味なのです。ただし、いまに集中できず、意識をはたらかせられず、そのうえ消極的な姿勢でいたら、道の途上で注意散漫になり混乱してしまうでしょう。明確な目標を持って行動せず、いまに集中していないときは、どんな力や自信も得ることはできません。

行動を起こすにあたり、いちばん難しいのは最初の一歩です。何かしようと考えるのと実際に行動に移すのはまったく別物ですから。ソファから立ち上がるには意志の力が必要です。でも、ときには意欲が減退して、身体を鍛えたいと思っていてもジムへ行くことすらできそうにないこともあります。意志の力についてはすぐに詳述しますが、私たちを立ちすくませているのは、結果を恐れる、という意味での執着です。成し遂げられなかった場合にどうなるか。やってみて失敗するより、やらずにおいたほうが楽な気もします。失敗して恥ずかしい思いをするリスクがありませんから。残念ながら、それでもあなたは心の中でその自分と生きていかなければいけません。だから、夢に向かって行動を起こそうという意欲を高める方法をいくつかご紹介します。父も「大きな挑戦なら、失敗さえも栄光となる」と言っています。

「第一のツール」で、大きな目標というエネルギーにつながりつづけ、行き詰まったときにはその目標を思い出して、自分にふたたび火を点け直す話をしました。自分に点火することの有効性はすでにわかっています。第二章ではコップを空にして中立性を保つ話をしました。正しいも間違いもない、あれやこれやの決めつけがなければ勝ちも負けもなく、自分を責める必要はどこにもない。したいことをしていなかったと気がついたときは、ちょっと自分を励まし、過去なんて終わったことなんだと最初からやり直せばいい。あらゆる瞬間が、態勢を立て直して再スタートを切れる新しいタイミングなのです。ただし、練習だけでは完璧になれないことも覚えておいてください。それでも、練習で進歩はできる。だから、結果に執着するのをやめ、自分の進む道に邁進しつづけること。つまずいたときは、立ち上がって、また始めればいい。「行動は自信へ続く王道」と父は言っています。小さな行動をひとつ起こすと、その行動が自信につながり、その自信からエネルギーが生まれ、そのエネルギーをさらに多くの行動へ向けることができる。雪解け水から勢いよく流れる川が生まれるのです。

第三のツール：自己暗示

肯定的自己暗示(アファメーション)という言葉をご存じでしょうか。肯定的な言葉を毎日くり返すことで自分の内面に定着させる手法です。父もこの自己暗示を練習に取り入れていました。自分の養いたい精神的、情動的な生態系として機能する自己暗示を、父は七つ紹介しています。スケジュール帳やラミネート加工したカードにこれらを書いて持ち歩き、どんなときでも気がつけば取り出して見ていました。

以下がその内容です。

【記憶】

研ぎ澄まされた心と記憶の価値を認識し、思い出したいすべての考えを明確に記憶に刻むよう注意し、頻繁に思い出す可能性がある関連テーマにその考えを関連づけることで、心を研ぎ澄ますこと。

【潜在意識】

潜在意識が意志にあたえる影響力を整理し、人生の大きな目標とそこにつながるすべての小さな目標を明確にして、毎日くり返しイメージすること。それを潜在意識の前につねに置くようにすること。

【想像力】

自分の願望を実現するにはしっかりした計画と着想が必要であることを認識し、日々計画を立てる際に想像力をはたらかせていくこと。

【情動（エモーション）】

自分の情動には前向きなものと後ろ向きなものの両方があることを理解したうえで、前向きな情動の発達をうながし、後ろ向きな情動は何らかの形で有益な行動へ変換できるよう、日々の習慣を形成すること。

【理性】
前向きな情動、後ろ向きな情動ともに、望ましい目標に導かれなければ危険であることを認識し、すべての願望と目標、そして目的は理性の領域にゆだね、あくまでも理性によってこれらを表現していくこと。

【良心】
情動が熱くなりすぎると誤りを犯しかねないこと、正義と慈悲を組み合わせて理性で判断すべきときに温かい気持ちを失ってしまいかねないことを認識し、何が正しく何が間違っているかに気づけるよう、みずからの良心にはたらきかける。そして、良心が下した評決はけっして無視しないこと——評決の遂行にどんな代償がともなうとしても。

【意志力】
意志の力は心の全部門を統括する最高裁判所である。私は毎日、何かの目的に向けて行動を起こすエネルギーが必要なとき、かならずこの意志の力を行使し、一日一回はそれによって行動に移す習慣を身につける。

そう、世界の誰より自信満々に見えたブルース・リーは、自分の精神状態と情動状態に直接、意図的にはたらきかけを行っていたのです。だからあれほど自信に満ちていたのかもしれません。父は身体だけでなく、意志や情動をはじめ心のあらゆる側面を鍛えていました。自己暗示と前向きな考え方の力を心から信じていた。楽観主義は意図的に練習して養う必要がある類の信仰だと、彼は考えていたのです。

自己暗示が苦手な人もいます。効果があってほしいのは山々でも、効果があるかどうか疑わしい気持ちで口にしているため、無理やりっぽいものにしかならず現実味が感じられないとか、自分に嘘をついているような気がするのかもしれません。でも、自己暗示でもっとも効果的な要素は、それを実行するときどんな展望を持つかです。現時点で真実でないからと自己暗示を疑うのではなく、こう考えてみてください――まだ真実ではないだけなのだと。

潜在意識や無意識に種を植える自己暗示をくり返すうち、いつしかそれは芽吹いて意識へと成長していく。潜在意識は個性と行動を育むための推進力ですから、あなたをよりよい方向へ導くために新しいアイデアを育むよう、そこにはたらきかけたいのです。

私のキックボクシングの先生ベニー・〝ザ・ジェット〟・ユキーデは生涯無敗〔特別ルール戦を除く〕を誇り、さまざまな階級で六つの世界タイトルを獲得した最高峰のキックボクサーでした（これは、一人の人間として彼が収めた多くの業績のうちのひとつです）。練習を見てもらっているとき、こう蹴ってみて、こう動いてみてと言われ、やってみるのですがうまくいかず、私は「できません」とよく言いました。すると彼は険しい顔になり、射抜くような目で私を見て「まだ、だ！」と言うのです。「まだできない、だ」私が愚痴やいらだちの言葉を吐き出すたび、彼はくり返しそう言いました。前向きな心構え、揺るぎない心構えが大事だと。たゆみなく練習を続ければ、いつかかならずできるようになる。

自己暗示の利用法をもうひとつご紹介します。自分は目標達成の途上にいるのだという気持ちになるように考えて、暗示の内容を書くのです。そうすることで可能性が高まった気になり、自分の現状に寄り添える。〝私はたくましく健康〟ではなく〝私はたくましく健康になるため毎日努力しているところだ〟とする。そうすれば、自分の願いを肯定し、目標としっかりつながっていられます。

実際に試してみて、自分に合うかどうか確かめてください。一カ月、毎日やってみる。暗示をかけた内容が自然と頭に飛び込んでくるようになったか意識してみてください。あなたが変えようとしている行動や一日の感じ方、人生観の修正に自己暗示が役立っているかどうかを意識して過ごすのです。気分がよくなってきたか、笑顔になることが増えたか、以前より活力が湧いてきたか、細心の注意を払って自分を観察してください。こういった微妙な変化があれば、うまくいっている証拠です。

特定の自己暗示が全然機能しなかったり、時間が経つにつれてそれとのつながりが薄くなったと感じたら、その暗示はわきに置いて別の暗示を試しましょう。試して向いていないとわかったら、次へ進む。あとで道を引き返して、本当に自分の心に響かないのかあらためて確かめ直すことだってできるのですから。

私も試していったん断念し、その恵みを受ける準備が整ったところで引き返したことが何度もありました。たとえば私には、走るのが大嫌いな時期があった。嫌でたまらなかった。ところが、三十代になってもういちどやってみたら、とても心地よい瞑想的なリズムに乗れることがわかり、いまではお気に入りの運動です。歩いている人に抜かれることもあるけれど、気にしない。ランニングは自分の役に立つツールになったのです。

ですから、いまは効果がないならその自己暗示は道具入れに収めておきましょう。いつか役に立つときがくるかもしれません。

第四のツール：象徴

兄が他界して六年が経った一九九九年。ある日、車で家から外へ出ると、歩道の上に大きな赤トンボが翅（はね）を広げていました。まるでそこへ運ばれてきてすぐ静かに息を引き取ったかのように、まったく無傷の状態でした。そのころ私はサラ・ユキーデという呪術医（キックボクシングの先生ベニー・ユキーデの奥さん）とよく会っていたのですが、彼女がこんなふうに教えてくれました。世界の多くの文化でトンボは変化と再生を表す象徴であり、そこでトンボが死んでいたのは霊界からのメッセージで、映画『クロウ／飛翔伝説』の撮影現場で兄が亡くなって以来ずっと浸っていた悲しみを手放して前へ進みなさいということではないかと。皆さんが信じるかどうかはともかく、私にとっては絶好のタイミングで届いた適切なメッセージでした。しかも予言的な形で現れてくれた。

それから十年ほど経って、私は人生における重要な象徴（シンボル）を組み合わせて刺青（タトゥー）をデザインしました。赤トンボもそのひとつでした。私の身体に彫られたこれらの意匠は、自分の人生で出会った理解や愛など、大切な瞬間を思い出すためのものです。最初で最後のこのタトゥーを入れたのは、四十歳を前にしたころでした。

父はタトゥーを入れていなかったけれど、象徴の力を信じていて、人生を変える大事な瞬間にそれを旅の道しるべにしていた。いわゆる図像(イコノグラフィー)も使いました——自分がたどるプロセスを表すための視覚的イメージや、視覚的象徴として。ミニチュアの墓石の話がありましたね。昨日までのブルースは死に、もういちど流動的で表現力豊かな自分に生まれ変わるための戒めとして、彼がデザインしたものです。〝かつて流れるようになめらかだったのに、伝統的なあれこれを詰め込まれてゆがんでしまった男の思い出に〟。父は他にも、人生の重要な転換点で自分の成長とあらたな展望を喚起するためのシンボルをつくっています。「修養段階」と呼んでいた成長過程を表す一連の飾り額がそれで、これについてはまたのちほど深く掘り下げます。JKD(ジークンドー)のシンボルもデザインし、それをあしらった金のペンダントを毎日身につけていました。飾り板、文具、名刺、免許状などもつくっています。前に進みつづけろと自分を叱咤激励するためにカード立てをつくり、〝前進あるのみ！〟と記したカードを置いていました。

人は何か啓示を得た場合でも、それを人生に組み入れることをあっさり忘れてしまいがちです。〝そうか(アハ)！〟の瞬間は最高で、本当に気持ちがいい。ただ、その瞬間についてたまに考えることはあっても、それをとことん追求して積極的に人生に反映させられるとはかぎりません。物理的な形をとった、目に見える啓示のシンボルをつくり出せば、それを見るたびあらたな展望を思い出すことができます。伴侶への献身の象徴としてはめる結婚指輪のように、それを目にすることで自分が歩む新しい道への献身を確認する。実現させると心に決めた目標を失わないよう、いつでも初心に戻れるための記念碑をつくるのです。つねにあなたを励まし、記憶を呼び覚ましてくれる記念碑を。

シンボルをつくるデザインワークが得意でなければ、庭に記念碑を建てたり、消えないタトゥーを入れたり、金（きん）の装身具をデザインしてもらう前に、一時的な注意喚起物（プロンプト）を試してみるのはどうでしょう。何年か前、私は洗面所の鏡やキッチン、ベッドわきなど、自宅の要所に〝BE〟と書いた付箋を貼ったことがありました。それを見るたび、頭の中から抜け出して〝いまという瞬間〟に立ち返ろうと思い出せました。〝ここ〟と〝いま〟へ連れ戻してくれる小さなリセットボタンのようなものです。そこへ立ち返ると、おだやかなすっきりした気分になる（その瞬間、家が火事になっていなければですが〈笑〉）。

儀式を行うのもひとつの手です。儀式はひとつの生き方から別の生き方へ移る通路を認識するための物理的な方法です。火の儀式、花の儀式、浄化の儀式など、既存の儀式もいろいろあるし、もちろん、独自の儀式を考えてもいい。儀式の目的はそれを心に響かせることにあります。あなたにとって意味のあることであるかぎり、自分でつくっても人の提案を取り入れてもどちらでもかまいません。私は過去の恋愛関係でもたらされた品々を燃やしたことがあります。自分の役に立っていない行動パターンを紙に書き出してそれを燃やす、という儀式も試しました。心に響くこと、やりたいと思うことがあなたの起こしたい変化を接着させてくれるのなら、実行あるのみです！　自分の知る最善の方法で自分を鼓舞し、この先に待ち受ける夢の実現と目に見える結びつきが得られるよう、楽しく美しく特別な儀式にしましょう。

第五のツール：日記

第三章で、父が実践していた〝書く癖をつける〟方法を紹介しましたね。父はしょっちゅう、いろんな形で書いていました。それには深く感謝しています。もし父にこの習慣がなかったら、彼が踏んだプロセスをこれほど明確には理解できなかったでしょう。彼にとって大切なのはどんなことだったのか、何に取り組んでいて、どんな精神レベルにあったのか、私たちが知ることはなかったと思います。

私が日記をつけはじめたのは中学生のとき。その多くはゴシップじみた内容でした。好きな人や、うとましい人のこと、ダサいことをしてしまった理由などを書きつけるだけで、自分の願いや夢は何なのかという情報はほとんどありませんでした。実験もしていません。たいていは、気分や悩みを書きつけるだけ。それが悪いわけではないけれど、人は注意を払う対象を強化していくわけですから、私が自分をダメ人間と考え、否定的な思いからなかなか抜け出せずにいたのも当然かもしれません。

父の文章で興味深いのは、否定的な内容がないことです。悩ましい物事についても触れてはいるけれど、優先すべきは何かという重要事項を認識したうえで書いていました。どんな〝よくない〟ことが起きているかではなく、自分と自分の人生はどうありたいかに基づいて書いていたのです。

たとえば、香港で有名になりかけたころ、父は名声の弊害を痛感しはじめます。自分を利用して頼み事をするために、友人のふりをして近づいてくる人たちがいた。有名人をちやほやして普通の人をクズ扱いするような人たちです。父は友人へ宛てた手紙にそういう罠についてしたためていて、それを読むと、父が前進のためにどんな行動を取ったかがわかります。あれこれ約束する人たちではなく、信頼できる昔からの友人に助言と慰めを求めたのです。もともと、香港への移住は一時的なものと考えていたし、いま述べたような状況もあって、できるだけ早くロサンゼルス（LA）へ戻るつもりでいたのです。LAなら香港よりプライバシーが保障された暮らしを送れますから。しかし残念ながら、父はその前に亡くなってしまいました。

日記やルーズリーフが自分を発見する場所になるかもしれません。大きな構想や着想、たどるべきプロセスを自分の手を使って書き出すことの効用を私は信じていますが、パソコンでタイプしたければ、ファイルを閉じる前に書いたことを声に出すようお勧めします。有意義な形で自分をその言葉に結びつけるためです。どんな形で書き留めるにせよ、自分の支えになる書き方をお勧めします。いまこの時間を利用して、前向きな構想を立ててみてください。自分が欲しいもの、価値を認めていること、信じていること、心から願っていることは何か。自分は何を学び、何を発見し、何を夢見ているか。自分にとって大切なものは何かを理解するために力を尽くし、あなただけの展望を打ち出してください。自分に問いかけ、それに答える努力をする。

私は手がかりを求めて夢を追跡調査することにしています。自分の価値観を書き出し、言葉に表す。宇宙の性質について紙の上で熟慮する。父は「夢の途上」という随筆の草案を数多く書き残し、自分にとって大切なことは何かを詳細に述べています。これについてはまたあとで掘り下げます。どう始めればいいかわからないときは、本やネット上に参考になる多くの足がかりがありますから、それらを見てみましょう。

たまにはブレインダンプもいいのではないでしょうか。頭の中にあることすべてを書き出すやり方です。心をむしばむような有害な考えに苦しめられているときは、紙の上に怒りをぶつけてもいい。さあ、やってみて。でも、怒りを吐き出したら、その汚い思いを捨てること。燃やしたり、細断したりしてもいい。その思いにしがみついて訪ね直してはいけません。〝どこまで進歩したか〟をあとで確かめるために、取っておいても悪くないと思うかもしれません。でも、本当に進歩していればそうとわかるものです。感じ方が変わり、前よりおだやかになり落ち着きも出て、地に足がついている状態です。だから、現在の自分を褒め称えるために過去を再訪する必要はないのです。そのまま前進し、過去は手放しましょう。

自分の進捗(しんちょく)状況を積極的に追跡しましょう。情動の燃料をそそぐことなく、何が自分を苛立たせているのかに気づけるようになります。父が言ったことですが、ここでもういちど言います。「求めることに心を定め、無用のことは考えない」自分の実験をたえず客観的に観察し、小さな発見にも意識を向ける。内省して浮かび上がった事柄を書きつけ、夢を書きつけ、洞察を書きつけ、創作を書きつけ、目標を書きつけ、もう役に立たないがらくたの山は潔く捨てる。そんなごみは手放しましょう。

第六のツール：身体鍛錬

ブルース・リーは武術家でした。彼を武術家たらしめたのは独特の身体鍛錬です。どう思われるかはともかく、あなたにも身体鍛錬は必要です。スポーツ選手のようにやろうとか五キロ痩せようと言っているのではありません。自分の身体と連絡を取って肉体がどう感じるかを知り、精神を成長させる容れ物の感度を鈍らせないことが大切なのです。人間を支える三種の神器は心と身体と魂ですから。

身体を鍛錬する技術は、自分に課した負荷を乗り越えることで成長していけるよう、意図的に身体のバランスを崩す作業と言ってもいい。父はこう言っています。「バランスが取れた状態は静止状態に近い。それに対して行動は、前進を続け学びと成長を継続できるよういったんバランスを崩す技法である」

心のバランスだけでなく、身体のバランスも理解する必要があるのです。いったんバランスを崩し、それからまたバランスを取るとはどういうことなのか。あなたは動くたびにそれを経験しています。空間をどのように移動するかを意識し、力を入れて動いたり楽に動いたりすることに意識を向けるだけでも、自分の身体を感知し、身体を鍛えることができるのです。

もちろん、運動にはさまざまな付加価値もあります。エンドルフィン〔幸福ホルモン〕が出る、筋力が強化される、柔軟性が上がる、自信がつく。本書は一人の武術家について書いた本ですが、ここで注目すべきは武術鍛錬の各論ではなく、身体を鍛えるとなぜ自分をより深く知ることができるのか、ということです。あなたの身体にはあなたに役立つ情報が備わっています。それはあたかも、ネットワークに点火しさえすれば無数の信号が飛び交う情報システムのようなものです。刺激をあたえ、あちこち動かしてみて探りながら、それが何を伝えようとしているかに耳を澄ます。ただの散歩やテレビの前での柔軟運動、あるいは音楽をかけて踊ってみるのもいいでしょう。身体の一部を緊張させてはゆるめる身体瞑想を行うだけでも、何かしらの洞察が得られるはずです。

身体を動かす目的は、安全に負荷を感じられるようになること。ほんの少し激しい動きをするだけでも、ある種の不快な状態が訪れます。あらかじめ計算された苦しみを経験し、こうしても大丈夫なのだと学習できる。身体に少し無理をさせることで、自分に逆らわず自分自身と協力する感覚を学習できる。これは貴重な自分発見ツールです。

あなたの身体は何が好きか、何を必要としているか、身体のうずきや痛みに注意を払いましょう。それらは何をあなたに伝えようとしているのか。自身の身体を知り、身体がどう感じているかを知れば、自分の中の微妙な狂いにもすぐ気づけます。それによって直観力が鍛えられ、自分への理解も深まっていく。身体が伝えようとしていることにしっかり耳を傾ければ、健康増進にもつながります。

武術に例をとって哲学的概念を解説していますが、その意味では「身体を鍛えること」と「魂を鍛えること」、「脚を伸ばすこと」と「可能性を伸ばすこと」には相関関係があります。覚えていますか。「人生で大事なことはすべて武術の修行から学んだ」と父が言ったことを。

ほんの少しでもいいから、武術の練習をぜひお勧めしたいです。どんな武術でもかまいません。気功、中国武術、護身術、どんなスタイルでもいい。武術を練習すると内面が強くなり自信が深まります。私自身がそうでした。実際に身体を動かすことで、どんな考えや解決策、相互関係、障害物、情動、啓示が浮かび上がってくるか確かめてください。

身体と語り合うという指針を忘れずに、自分のために役立つ鍛錬を想像しながら、肉体を開発する。ブルース・リーがしたような鍛錬でもいいし、私のようにもっと軽い運動でもいい。最近はダンスやストレッチ、ウォーキング、ランニング、ハイキングをしていますが、何かにつけて身体に問いかけてみるようにしています。身体が何を求め、何を必要としているか。そこからさらに一歩進んで、不快への耐性を磨いてみたとき、そこにどれだけの情報と成長の可能性があるか。わかったときは、きっと驚くでしょう。

過程（プロセス）を受け入れる

安全地帯を出て着想や夢を行動に移す過程では、不安に苛まれたり自信を喪失したりすることもあるでしょう。行動して目標を達成できる人と、夢を果たせずに終わる人のちがいはどこにあると思いますか。前者の多くは、不安や自信喪失、不快感などに襲われた際にも逃げずに行動しているのです。

ここでお話ししている複数のツールは、人生を楽にするためのものではありません――少なくとも最初のうちは。〝楽〟を望んでいるうちは、すぐ現状に満足してしまう。〝楽〟だけを求めると、無知や怠惰、習慣的行動、不安のほうへ気持ちが傾いてしまう。予測のつかないしんどい人生は避けたいし、未知の状況への不安や不快といった心の暗部から生まれてくる厄介な感情が怖いからです。

「進歩の敵は苦痛恐怖症、つまりほんの少しの苦しみにも腰が引けてしまうことだ」という父の言葉がありましたね。成長し変化するためには不快の経験が必要になる。酷使しないと筋肉は強くならない（〝筋肉痛〟は強化される前に筋肉が流す小さな涙です）。ジムは通いはじめの数日がいちばんつらく、それを過ぎると安定期が来るものです。でも、人生を〝楽〟や〝つらい〟という枠組みではとらえず、生き生きとしている状態、つねに成長し、つねに変化していくものと考えましょう。この成長と変化を支えるために必要なものは、不安ではなく熱意です。あなたの大きな夢が持つエネルギーを忘れず活用し、状況が厳しくなっても前進を続け、挫折や失敗から学べるようになりましょう。

すでに述べたように、人は挫折することで成長します。挫折を経験しないかぎり、その解決法を探し求めることもない。水になる練習の目標は、工夫を凝らして意図的な挫折をつくり出すことにあるのです。不意打ちできつい挫折を味わうより、進んで挫折を選び取るほうがずっといい。マラソンの練習をするとき、最初の一キロ、三キロ、五キロ、一〇キロメートルを苦しみながらも走り抜かずして上達はありません。それが私たちの求める「工夫を凝らした計画」です。長距離を走った経験のない人が一気に四二・一九五キロメートルを走ろうとしてはいけません。間違いが起きたときそこから回復できる余地を持てるよう、訓練計画を立てる必要があるのです。成長に向けて、急がず一歩一歩自分を強化していけるように。

練習を積み、自身の成長をうながすうち、旅そのものが楽しくなってきます。自分が生き生きしているのがわかるからです。困難を経験して、そこで得た教訓を受け入れるようになり、結果を出すための生き方はしなくなる。たしかに、人生には困難な状況に立ち向かい、厳しい選択をする必要も出てくるでしょう。しかし、前進するうちにそのプロセスが好きになり、その可能性に感謝できるようになると、疑いや恐れ、心配といったものを手放せるようになる。自分の可能性は無限だとわかってくるのです。

父は目標を掲げる人でした。目標は大切です。自分の目標が何かわかれば、取り組む対象ができる。それが私たちの前進運動を形づくり、鍛錬の枠組みをつくり出す。ただし、目標自体が最重要ではないことを心に留めておくのも大切です。それどころか、目標の達成に執着すると旅そのものをつかみそこねることがある。目標を達成しても、また次の目標が出てきてしまう。自分の進歩を認められず、どこまで行っても終着点が見えてこない。手に持った食べ物をかじっているあいだは次のひと口に移れないのと同じです。次のことばかり気にしていると、いま咀嚼している食べ物の味がわからなくなる。

　しかし、いまこの瞬間に集中して、目標を持ちながら流動していくことを忘れないかぎり、目標を設定することはきわめて有効です。実際、父は目標を設定しその目標に向けて一日一回は積極的な行動を起こすよう奨励していました。目標の達成に向けて積極的に努力することで人生が充実した意義あるものになると、父は示唆しています。ただし、目標はかならずしも達成されるためにあるわけではないとも警告しています。むしろそれは身を乗り出すための目印、未来へ向かうための目印にすぎません。本当に大事なのは、結果ではなく行動です。人の可能性を最大化するとはどういうことかといえば、成果を集計することではなく、無限に成長していくプロセスである人生に積極的に関与を続けることなのです。

> 手段を離れた目標はすべて幻想である。目標のための手段はなく、ただ手段だけがある。私は手段。物事は私から始まり、すべてが終わったとき残っているのは私だけになる。鍛錬や練習に体系的に取り組むのはいいが、生きることに手法（メソッド）は使えない。人生はプロセスであって目標

ではないからだ。手段であって目的ではない。絶え間ない前進であって、確立されたパターンではない。

〝私は手段〟というところが大好きです。言い換えれば、私は過程。私はいつか終わりを迎える人生。私の人生はいま進行中で、〝いつか〟や〝もし〜なら〟〝〜したら〟はない。私は自分の人生を築く道筋。私は自分の人生の創造者。私は生きていくための道具（ツール）。自分の身体と心と魂のすべてを駆使して、したいこと、信じたいこと、発展させたいことへ向かっていく。そんなふうに生きていれば、それがあなたの人生になる。

いますぐ始める

目標を設定し、行動を起こし、自己暗示や象徴を使い、日記をつけ、身体を鍛錬し、瞑想（第二章）する。これまで触れてきたツールは、父の可能性を培った具体的な方法の一部にすぎません。いったん自信をつけ、自分を知り、自分がどんな可能性を秘めているかわかりはじめれば、あなただけに効果的な別のツールもさらに考案できるでしょう。父もそうしていました——欲しい道具がないときは自分でつくるのです。

だから、まずは始めること。最初から答えを全部持っている必要はありません。探している答えを見つけるために何かを始めなければいけないこともある。また、ツールの開発には高い独創性が必要かもしれない。〝エネルギーワーク〟や仏法（ダルマ）の実践、本草学（ハーバリズム）など、信じたことがないものに身を投じる必要が出てくるかもしれない。乗り越えなければいけない深刻な問題を抱え、その作業に怖じ気づく人もいるかもしれない。しかしいまこそ行動し、学び、創造し、言動を一致させるときです。おしゃべりをやめて、ただちに行動に移りましょう。

世間には、自分ならこうするああすると賢しげに話す人が多い。彼らがそんな話をしながら何かを実現、達成したためしはない。

あなたは手段であり過程であることをお忘れなく。そして、発見と成長の途上にいるということを。父は以下のように信じていました。

> 水たまりに小石を落とすと、そこから水たまり全体にさざ波が広がっていく。私が自分の着想に明確な行動計画をあたえたとき起こるのもそれなのだ。

自分を信じること。プロセスを信じること。そして始めること。

第六章

障害物

大きな目標や業績を成し遂げる過程にはかならず
大なり小なり障害物があり、重要なのは障害物そのものではなく、
それに対して示す反応だ。自分で認めるまで敗北は存在しない！

不慮の事故

一九六四年、父はロングビーチ国際空手選手権で演武を行いました。中国のグンフーについて話し、弟子と志願者を相手に注目を集める技を披露した。観衆の中にいたジェイ・セブリングがそのカリスマ性に目を留めました。ハリウッドでスター俳優たちを顧客にしていた有名美容師です。ジェイはその少し前に、彼の美容室に通っていた映画プロデューサーから、アジア人俳優が必要な仕事があると聞いていました。このブルース・リーという青年に魅了されてしまった彼は、そのことを伝えるために件のプロデューサー、ウィリアム・ドージアに電話をかけました。

しばらくしたのち、オークランドの自宅に一本の電話がかかってきました。ハリウッドの映画プロデューサーだと名乗る人物から、あなたの夫を探していると言われたとき、母は何かの冗談だろうと思ったそうです。母から話を聞いた父が折り返し電話をすると、ロサンゼルスへ来て映像審査（スクリーンテスト）を受けてほしいとのこと。

数日前に第一子（私の兄ブランドン）が生まれたばかりでしたが、父はオークランドからＬＡへ向かい、「チャーリー・チャンの長男」というドラマのオーディションを受けました。そして会場を大いに沸かせ、「長男」の企画は最終的に没になったものの、ブルースを気に入ったプロデューサーは別の企画にキャスティングするまで確保しておきたいからと契約金を支払ってくれました。それからまもなく、父はテレビドラマ「グリーン・ホーネット」のカトー役を打診されます。

グリーン・ホーネットとカトーは毎週、数多くの悪党を相手に犯罪と戦う二人組。カトーは主人公グリーン・ホーネットの助手役ですが、その力量は隠しようがなく、グリーン・ホーネットとカトーでは悪と戦う技術に大きな差があるのは明白でした――少なくともファンの目には。不幸にして(幸い、かもしれませんが)、「バットマン」が同時期にテレビ放映されていて、こちらのほうが人気が高かったこともあり、「グリーン・ホーネット」は一シーズンで打ち切りを迎えます。

しかし、父にはすでに人生を変えるような出来事が起こっていました。大衆娯楽の場でグンフーを披露するのは、自分の「揺るぎない目標」に合致すると父は理解したのです。中国武術のすばらしさを世に知らしめよう。自分自身の企画を立ち上げることができたら、真の中国人と中国武術の姿を銀幕に映し出し、人に力をあたえ、教育できるのではないか。ハリウッドで成功すれば、家族のために大きな収入も得られる。大構想のボックスに多くのチェックマークを入れられるかもしれない。

かつて思い描いた、武術学校網をアメリカ全土に巡らせる構想と同じくらい明確に、このあらたな目標は父の心のキャンバスに描き出されたことでしょう。現実的な夢想家である父は、ハリウッドという籠に自分の卵を置いただけではありません。その後も振藩國術館の運営を続け、一九六七年にはロサンゼルスに國術館の第三校を開校し、自宅やクライアントの家では個人レッスンをしながら映画とドラマの出演機会を探り、自分自身が媒体となる機会をつくるべく邁進しました。

一九六六年から七一年まで、父はハリウッドでの成功をめざして努力を積み重ねます。「グリーン・ホーネット」の打ち切り後はなかなか主演（助演級でさえ）の足がかりを得られません。アジア人像を貶めるような役柄は拒絶したため、いっそうチャンスは少なくなりました。テレビの連続ドラマでは準主役を務めたものの、ドル箱スターと見なされていたわけではない。それでも、可能なかぎりオーディションを受け、映画とテレビの両方で何度か端役を勝ち取りました。ドラマ「ヒア・カムズ・ザ・ブライズ（花嫁たちが来る）」や「鬼警部アイアンサイド」、映画『かわいい女』ではカンフー使いを演じ、格闘の振り付けの仕事も引き受けました。

生徒の一人に脚本家のスターリング・シリファントがいて、父はときどき彼と仕事をし、創造的なアイデアに磨きをかけました。ワーナー・ブラザース・スタジオ会長のテッド・アシュリーも父の生徒で、父はアシュリーにいくつもの企画を提案し、支援を取りつけようとします。

そのあいだもずっと鍛錬に励み、カンフーの指導を続け、シアトルとオークランド、ロサンゼルスの三校を維持していました。つまり、できることを全部やっていたわけです。一心不乱に働き、文字どおり奮闘していた。

一九七〇年の半ばには、父のキャリアは正しい方向へ向かっているように見えました。映画『サイレントフルート』をワーナー・ブラザースに企画・提案したところ、同社が検討の余地ありと考えたのです。父は「ザ・ウォリアー」というテレビの連続ドラマも提案しました。着実に目標達成への道を歩んでいるという希望はあったものの、なかなか実現には至らず、成功は彼の手をするりと逃れていく。鍛錬と指導とハリウッドでの活動を継続しながら、それでもチャンスが巡ってきたときすぐつかめるよう、つねに準備は整えていました。

ある朝、いつものように自宅でトレーニングをしようとしていたときのこと。カリフォルニア州南部は一年を通して雨が少ないこともあり、室内ではなく裏庭がそのための場所でした。パティオの庇(ひさし)の下にパンチングバッグといった自前のトレーニング器具が備えつけられていて、しゃれたジムは必要なかったのです。

この日、父はやるべきことがたくさんあり、すでに一定レベルの体力は養っていたので、準備運動を飛ばしてもかまわないと考えました。〝グッドモーニング・エクササイズ〟と呼ばれる鍛錬法から取りかかりました。両肩でバーベルを担ぎ、できるだけ背筋を伸ばしたまま（できれば顔が膝に近づくくらい）上体を前へ折り曲げ、そのまま元の位置まで戻す。父のことですから、とても重いバーベルだったのでしょう。生半可な動作ではありません（しかるべき経験があり訓練を受けている人以外は試さないこと）。バーベルを担いだまま上体を戻しはじめたとき、腰がピキッと音をたてた。よくないことが起こったのだとすぐわかりました。

時間が経つにつれ具合が悪くなってきます。まっすぐ立てず、動くだけで痛みを感じる。安静にし、スポーツ選手がするように（氷で冷やしたり湿布を当てたりして）症状をやわらげようとしましたが、痛みは治まらない。思うように動けません。たまらず医者を探して診てもらうと、第四仙骨神経の損傷との診断で、ベッドでの安静を命じられました。父のように活動的で、身体能力を生計の手段にしている人間にとっては、これだけでも悪い知らせですが、さらに悪い知らせが待っていました。二度と武術はできず、それどころか歩くたび大きな痛みにさらされる可能性を覚悟しなければならないと、医師から言い渡されたのです。

悪い知らせを超えた衝撃的な告知です。このような傷を抱えていてはハリウッドで仕事ができなくなるだけでなく、鍛錬や指導もままならない。さあ、障害物の登場です。

問題は障害物ではない

人に打ち負かされるのは恥ずかしいことではない。大切なのは〝なぜ自分は打ち負かされているのか〟と問うことだ。このように自省できれば、その人には希望がある。敗北とは心の状態であり、敗北を現実と受け入れるまで誰も敗北はしていない。私にとって敗北はその場かぎりのことで、それに対する罰があるとしたら、目標を達成するためにもっと努力しようという衝動だけだ。敗北はいましていることのどこが間違っているかを教えてくれる。成功と真実につながる道なのだ。

障害物の形や大きさ、強さはさまざまです。つかのまの障害物もある——やるべきことを先延ばしにしたせいで試験に失敗したり、車が故障して会議に間に合わなかったり。慢性的でもっと深刻なものもあるはず——依存症の問題を抱えたり、強度のうつ病と闘っていたり。また、とつぜん襲ってくるものもあるでしょう——交通事故に遭ったり、アパートの水道管が破裂したりするかもしれない。障害物は現れる。それが前提です。まったく出くわさないことなどありえません。自分に原因があることもあれば、前触れなく降りかかってくることもある。どんな状況であれ、その障害物は〝出てきてしまったこと〟と考えるのが最善です。中立的に受け止める。それはただ起きてしまったこと。しかし、〝起きたこと〟をどう考えるかで、大きなちがいが生まれてきます。

もちろん最初はショックでしょう。いろんな情動が湧いてきます。動揺したり、途方に暮れたり、落ち込んだり。それはかまいません。でも、いつまでもそこで立ち往生していてはいけません。多くの人が障害物を乗り越えられないのは、障害物がもたらす惨状に巻き込まれたまま戦いに敗れてしまうからです。でも、一見壊滅的に思える出来事が起きたときこそ、次のステップ〝いま何をすべきか〟へ進むことが肝要なのです。

日常生活の中で心はひとつの考えから別の対象へ、そこからまた別の対象へと移ることができる。しかし、命がけの戦いで相手と向き合ったとき、心は機動性を失い、膠着して止まってしまいがちだ。これは誰もを悩ませる問題なのだ。

この場合は戦う相手が障害物です。大きな障害物にぶつかると動けなくなるだけでなく、希望を失いやすくなる。父は「成功であれ、失敗であれ、何があったかではなく、それが人の心に何をもたらすかだ」と言いました。それはあなたの心に何をもたらすのか。それに負けてしまうのか。あるいは、それをバネに新しい一歩、思いがけない一歩を踏み出すか。その先にはそれまでよりずっとよいことが待っているかもしれない。

新しい障害物については、まず、それに寄り添うことから始めましょう。障害物と共存する。障害物と親しくなる。障害物から学ぶ。障害物はあなたに何を示し、何を教えてくれるのか。それを乗り越えるには、どう変わらなければいけないのか。どんな新しいスキルを学ぶ必要があるのか。古傷を癒す必要があるのか。リングに上がって顔を打たれつづけているとき、ダッキングを使ったり腕で顔を守ったりしながら、最後に反撃に転じられるようになるか。それとも、突っ立ったまま打たれつづけ、倒れて起き上がれなくなるか。

人生に何かが起こったとき、そこには選択肢が生まれます。選択肢なんてないと思っても、かならずあるものです。なによりまず、あなたの反応は心の状態でもあることを覚えておいてください。特定の反応をするよう心が条件づけされていませんか。その条件づけは自分にとって絶対的で、自然な反応なのだから疑いの余地はないと思えるかもしれない。しかし、どんなに深く植えつけられていても、それはつねにひとつの選択肢にすぎません。何が起こっても、次に何が来るかを決める力はあなたにあるのです。あなたがどう反応するかはあなたしだいで、その意味であなたは全権を握っていると言ってもいい。

いいか、友よ、問題は何が起きたかではなく、きみがどう反応するかだ。それを足がかりにするか、つまずきの石にするかは、きみの心構えしだいなのだ。

歩みつづける

父もまた、大怪我という障害物にぶつかりました。大きな計画と夢を抱いた一流のアスリートでしたが、それらがとつぜん、永遠に消滅する危機にさらされた。父はどう対応したか。まず動揺した。これは当然でしょう。でも、私は母から常々聞かされました。父は激震に見舞われたあと、かならず平静を取り戻すのだと。しばらく内に引きこもって問題と向き合う。このときは、きわめて自然なステップを踏むことでそのプロセスに着手しました。まず安静にして医者に行き、身体をいたわった。次に、状況を咀嚼する時間ができたところで研究モードに入りました（第三章を参照！）。医者から話を聞き、腰痛関連の本を買い込んで、ゆっくり順を追いながら痛みに向き合い、可動域をあれこれ試してみる。父の書斎にはいまも腰痛治療の本がたくさん並んでいます。

父はブルース・リーであり、時間を大切にする人だったので〝静養中〟もベッドに横になって何もしないでいるわけにはいきません。本を読んで研究するだけでなく、執筆にも取りかかりました。時間はたっぷりあるので、後世に残すため武術についての考察を記録しはじめた。彼が「格闘哲学」と呼ぶ、戦いと鍛錬についての信条を明らかにした研究です。また、映画やテレビドラマの着想など、創造的なプランにも取り組みました。武術の指導もそばから見守る形で続けます。家に生徒が来ると、椅子に座って教えていました。ひたすら前進する。できることをやり、目的を持って自分の時間を使う。

この時期にいわゆる〝自己啓発本〟も読みあさります。ハリー・ミアーとジョーン・ミアーの『幸福は朝食の前に始まる』〔未邦訳〕や、エーリッヒ・フロムの『愛するということ』、ハイリ・シュタイナーとジャン・ゲブサーの『現代人の条件』〔未邦訳〕、ゴードン・バイロン著『あなたにチャンスを――成功の七つのステップ』〔未邦訳〕、ウィリアム・C・シュッツ著『喜び――人の意識を拡張する』〔未邦訳〕など、強い心と肯定的な姿勢を養うのに役立つ本がずらり。父は目的と象徴をつくる名人で、名刺を一枚つかんでその裏に大きな美しい字で〔大きな感嘆符付き〕〝歩みつづけろ！〟と書いたのもこの時期でした。この名刺を立てる木製のスタンドをつくってもらい、目の前に置いて、療養中毎日見られるようにした。落ち込んだり苛立ったとき、かならず見て思い出す――〝ひたすら歩みつづける〟のだと。仕事に取り組む。一度に一歩ずつ。一度にほんの短い時間でいい。たとえそれが最終的にどこへつながるのか、よくわからなくても。

この〝歩みつづけろ！〟を見るたび、私はアニメーション映画『ファインディング・ニモ』のヒロイン、ドリーが歌うようにして「ただ泳ぎつづける。ただ泳ぎつづける。泳ぐの。泳ぐのよ」と言った場面を思い出します。見通しが明るくなるまでにどれだけ時間がかかるかは問題ではありません。まず始めなければ、けっして目標にはたどり着けない。恐れや動揺で動きが止まり、麻痺した状態へと後退したら、絶対に到達できません。これから十年間、一度に一ミリずつでも前へ進みつづけたとします——あるとき振り返ってみたら、何キロ、何十キロメートルも進んだことがわかる。でも、前進を続けていなければそうはならない。ひとつの場所にとどまると、風景は変わらない。前進を続ければ新しい風景が見えてきて、それといっしょに新しい可能性も見えてくる。

人生はたえず流れつづけるプロセスであり、道のりのどこかで不快なことも飛び出てくるだろう——傷痕は残るかもしれないが、それでも人生は流れつづけ、流れる水と同じで動きが止まるとよどんでいく。勇気を持って進もう、友よ。その経験ひとつひとつが教訓をあたえてくれるから。爆発しつづけよう。人生には素敵なこともあれば、そうでないこともあるのだから。

道具(ツール)を鈍(なま)らせない

障害物にぶつかったところで、あなたは道具箱(ツールボックス)を探る必要に直面しています。歩みつづけるためには自分を駆り立てなければいけないと、いまあなたはわかっている。前進を続けなければいけない。でも、わかると実行するでは大ちがい。ちがいを生むために大切な最初の条件は、心の状態にあります。

不可能と思えば不可能になる。悲観的な考え方は成功に必要なツールを鈍らせる。

娘が試験のことで悩んでいるとき、私はよくこう言い聞かせます――ぶつくさ言ったり、うなったり、心配したりしていたら、余計勉強できなくなるわよ。それでなくても勉強は大変です。かならずしもあらゆる勉強を好きになる必要はないけれど、最大限努力したい気持ちがあるなら、勉強は大事な要素です。なので、娘にはこう言います。目の前の課題から否定的な思いや悲観的な考えは取っ払い、中立状態に向かうようできるだけ努力してみなさい。どんなときも、あなたの人生を築いて解釈するのは、あなた。物事に意味があるのは、誰でもないあな・・

た・がその物事に意味をあたえるから。その意味が別の誰か（親や牧師など）からもたらされたものであっても、その意味を採用して物事に付与すると決めるのは、あなた。あなたが責任者なの。

誰かが私を侮辱したとき、ただ悔しがる選択肢もあれば、相手の身になって考えるという選択肢もある。どうやら相手も何かに苦しんでいるらしい。そこで相手に意思を伝えることもできれば、そのまま立ち去ることもできる。侮辱を受けて、この世は恐ろしい場所だと思うこともできれば、この世には癒すべき対象がたくさんあると解釈して自分にはどんな役割が果たせるだろうと考えることもできる。私の経験をつくり出すのは、私。それがどんな経験だったかは、自分で選択することが可能なのです。

心配していても問題は解決しません。ひとつの問題から別の問題が派生するからです。悲観的な考え方で問題は解決できません。解決できそうにない、とほのめかすことで問題はいっそう難しくなるからです。恐れで問題は解決できません。失敗や状況の悪化を恐れて果敢に取り組めなくなるからです。疑いで問題は解決できません。問題を解決しない言い訳をあなたにあたえてしまうからです。無関心で問題は解決できません。何も考えなくなってしまうからです。こういう否定的な姿勢は使用可能な障害克服ツールを鈍らせるだけで、障害物の前にさらに障害物を生むことになるでしょう。

自分には力があると認識しましょう。他者や否定的な考え、状況にあなたの代理を務めさせてはいけません。自分の能力を妨げてはいけません。あなたの世界には、あなたがあたえる以外の意味は何ひとつないのです。石を足がかりにするか石につまずくかを選ぶのはあなたなのです。父と同じように、以下の認識を噛みしめてみてください。

いつも状況に振り回されてきたのは、自分のことを外の条件に影響される人間だと思っていたからだ。心の情動を司る力は自分にあり、状況はその心のありようから育つことに、いま私は気がついた。

何者でもないただの人

腰を痛めたこの時期、父は寝ているしかなかった。父と母には小さな子が二人いた（四歳と六カ月）。そのうえ、初めて家を買ったところで、父が働けないと住宅ローンを払えなくなる可能性があった。父が痛む腰に鞭打って二人の子を寝かしつけているあいだ、母は深夜に電話交換手として働きはじめました。やりくりのため妻に仕事をさせざるを得なくなったのは父にとって屈辱でしたが、他にどうしようもありません。面子を捨てて苦境を乗り切るしかない。

腰を痛めた父が「私はブルース・リーだ。腰が痛いなんて言っていられない！」と思ったら、早く健康を取り戻そうと無理をして、いっそう身体を痛めていたかもしれない。もう自分やみんなの〝期待に応える〟ことはできないのだと落ち込んでいるうちに、家を失っていたかもしれない。香港で映画を撮ることもなかったかもしれない。一シーズンで打ちきりになった六〇年代のドラマ「グリーン・ホーネット」と同じ運命をたどっていたかもしれない。大衆文化(ポップカルチャー)の画面上に一瞬ひらめいた光で終わっていたかもしれない。

しかし、研究と探求と実験の価値を知り、運命は自分で制御できると信じていた父は、自分にこう問いかけることができました。この障害物から自分は何を学べるのか。どうすればここから前進を果たし、前進を続けろと自分を叱咤激励できるのか。このとき父は自分の外側にある理想化された自分へは手を伸ばさず、一歩下がってこの難題を評価することができたのです。

父には磨き抜かれたツールがもうひとつありました。彼を熟練の武術家たらしめた重要な要素は、タイミングへの絶対感度です。腕の立つ相手（もしくは、厄介な障害物）との戦いでは、前へ出て、しかるべきときに打ち込むしかない。タイミングが早すぎればブロックされたり受け流されたりし、そもそも狙ったところへ届かないかもしれない。タイミングが遅すぎれば、相手はもうそこにいないかもしれない。次の瞬間、キツい一発を食らうかもしれない。

障害物に対処するにはこの鍛錬が必要になるのです。頑張りすぎれば燃え尽きるかもしれず、あまり頑張らないと乗り越えられないかもしれない。ブルース・リーは気が短く火のように激烈な行動派でありながら、絶妙のタイミングをとらえることができる人間でした。そのタイミングを支えるひとつが忍耐強さの養成です。ああいう気質の持ち主ですから、忍耐には苦労したそうです。それでも、忍耐について父は「忍耐は受け身ではない。それどころか濃縮された力なのだ」と言っています。腰を痛めたとき、彼はどうしたか。辛抱強くしかるべき休養を取り、研究し、最高のタイミングで回復に取り組み、最高の結果を出すために努力した。あまり早く身体に負荷をかけすぎると、再度痛める危険がありました。

待つことに全力を傾けるべきときもあります。父のような行動派にとって、忍耐にどれほどの集中力が必要かわかりますか？　私自身も〝問題に取り組む〟タイプですが、大きな障害物に直面したときは、いったん立ち止まり、自分の状態とタイミング、いまはどんな状況かを確かめる必要があります。その障害物を永続的に避けられるよう適切に前進するためには、全感覚を投入して我執（エゴ）を取り去る必要があるのです。

出しゃばる自分を排除し、何事もなかったかのようにやるべき仕事に専念しよう。エゴは持ち物としてではなく、ツールとして使おう。そして心の中で、何者でもないただの人になろう。

自分で世界に意味を見いだせるだけの力があれば、人の目に自分がどう映るか考える必要はありません。障害物を乗り越える際、他の誰かの期待に沿う必要もない。ここでいちど〝自分は何者でもない〟という考えを持ってみてください。どういうことか。つまり、玄関で自分のエゴをチェックし、うぬぼれや自己防衛に邪魔されることなく障害物を乗り越えていく、ということです。

自分は〝偉大な武術家で映画スターのブルース・リー〟ではなく、腰を痛めたただの男、あたえられた時間を精いっぱい生きて何かを成し遂げようとしている人間にすぎないと認めたことで、ブルース・リーは私たちみんなの記憶に残る人になったのです。

精神的な意志の力

障害物を乗り越えるには「何者でもないただの人である」以外に、意志の力を活用する必要があります。「人間の意志という精神力はあらゆる障害物を取り除く」と父は言いました。〝肯定的自己暗示〟を取り上げたところで、父は、「意志の力は心のすべての部門を司る最高裁判所」と書いていましたね。父は意志の強さを自任していました。といっても、意志がいちばん大切というわけでもない。意志の力以外に別の感受性が必要なときもあるからです。それでも父は、行動と目的にかけては向かうところ敵なしと思っていた。ぬきん出た格闘能力があり、身体を最高の状態に整えていたからだけでなく、自分の意志をどう活用すればいいか知っていたからです。

私がこの本を書いたり、正しい食事をしたり、身体を鍛えたり、自分の抱える問題に対処したりするには〝意志を活用する〟必要があります。ときには何かに触発されて書いたり食べたり運動したり成長したりすることもある。でも毎回何かの刺激に頼っていたら、自分からはめったに意志を活用しないということになり、これは大きな矛盾です。怠け者で無知なまま、自分は正しいと感じているほうがずっと楽なのです。

健康によくなくても、なぜ私は毎日好きなものを食べたほうがいいのか、理屈をこねてみましょうか。脂肪や糖分や塩分がたっぷりの美味しいものを毎回食べて何がいけないの？　それを食べると私は幸せを感じるのよ。人生は幸せであることが大事なんじゃないの？　いい気持ちになることが大事じゃないの？　これが私を幸せにして、いい気持ちにしてくれることなのよ！

もちろん、反論の余地もたっぷりです。じつは、私が幸せなのは食べているときだけで、それは長続きしない。あとで身体が嫌な感じを覚えたとき、私は気持ちよくもなければ幸せでもない。つかのま「美味しい！」と思うけれど、最終的には身体も心も最悪です。問題が見えましたか？

そう、たしかに意志の力を活用する必要はあるけれど、大事なのはそれをどう使うか。現状、うわべを取り繕うために使うのか。それとも、人生という長いゲームで自分が成長していくために使っていくのか。父の結論はこうです。

意志とは何か？　それは無限に展開する宇宙の中で、自分のエネルギーをその展開と調和するよう、自分のやりたいことへ向けようとすることだ。

この定義でいくと、あなたの意志はあなた一人が活用する孤立したものではない。むしろ、周囲のあらゆる展開を考慮し、いま起こっていることすべてと調和するように自分の行動を振り向ける必要がある。〝流れに身をまかせる〟というフレーズはご存じですね。そういう心身一体となった総合的な取り組みをせず、ただしゃかりきに物事の流れを押し返すだけでは、もっと大変な思いをすることになる。

前に〝すべき〟についてお話ししました。〝すべき〟という外的な要請のためだけに意志の力を使うのは、本心に従って使うのではないので、障害物を取り除くことにならない。私は健康的な食事を〝すべき〟で、そう自分に〝強いる〟こともできる。でもそれは、意味のある何かにつながるわけではない。罪悪感に服従しているだけです。しかし、人生は長いのだから健康でいようという展望があったり、他のいろんな目標を達成しやすくなるからという理由で健康的な食事をすることに自分で決めたならば、本心に従って意志を行使したことになる。このシナリオなら、全体像を考慮しつつ、自分の歩む道に積極性を吹き込んだことになる。人生に掲げた大きな展望の展開と調和しつつ、エネルギーと行動をそこへ振り向けたことになる。

父が腰を痛めたとき、意志の力を利用して回復のための研究や戦略を練っただけでなく読書と執筆で目標や夢を追いつづけたように、私たちにも、魂を養いながら目標の達成に意志を活用することは可能です。意図的に時間を有効に使うのは、志の維持や自己実現を支える土台です。父も「人生を慈しむなら時間を無駄にしてはいけない。人生は時間でできているのだから」と言っています。

夢を抱き直す

目標の達成は、すべて達成できると判断するところから始まります。前に現実的な夢の話をしました。イーロン・マスクにとって宇宙に行くのは可能です。ブルース・リーにとって、一九六〇年代のハリウッド映画でアジア人初の主役を張るというのは可能なことでした。どんな夢であれ、目標が大きすぎるとか、実現に時間がかかりすぎるとか、どうやってそこへたどり着けばいいかわからないからといって、捨ててしまってはいけない。かならず現れる障害物に直面したとき大きなカギを握るのは、自分の夢は可能と信じること。障害を乗り越えるのに必須の要素なのです。

ここで、皆さんがご存じないかもしれない話をしましょう。父は生涯、腰痛を抱えたままでした。意志と積極的な姿勢によって魔法のように治癒したわけではなかったのです。それでも、できることがあった。問題のある部位を周囲の筋肉で支え、健康な全身でそれを補えるくらいに肉体を強化したのです。腰痛の発症後は準備運動と整理運動に長い時間をかけていました。必要に応じて冷やしたり温めたりし、たえず腰を気遣っていた。必要なときは西洋と東洋の鎮痛薬も服用した。痛めた腰でどう鍛錬し、どう指導や演技や演武を行うかを学習していった。

さらに重要なのは、この怪我で父が自分に限界を設けたり、何かを思いとどまったり、夢を捨てたりしなかったことです。人生最高の形まで身体を刻み上げ、右へ左へと蹴りをくり出した映画は、すべてこの痛めた腰で行ったものです。腰をいたわるため以前より時間はかかっても、夢の実現のために必要だったからやってのけました。

私くらい不安定な仕事をしている人はいないのではないか。私は何を支えに生きていくのだろう。それは自分の能力を信じること。たしかに、腰を負傷し、一年くらい大変な思いをしたが、逆境には恵みがつきものだ。なぜならショックを受けることで、日常の中でよどんではいけないことを思い出せるから。逆境に見舞われたショックをバネに現状を乗り越えれば、より高いレベルへ向かうことができる。

夢が崩れかけたとき、あるいは、ふだん使っている公式が機能しなくなったときは、危機の到来かもしれない。再評価し夢を抱き直すチャンスかもしれない。あるいは、我に返り、夢に立ち戻り、自分を明確にするチャンスかもしれない。意図的にあなたのコップを空にして思考や情動を整理し、それまで考えていなかったことが入る余地をつくるチャンスかもしれない。大きな障害物に傷ついても、まだ夢が明確な形で展望や目的さえ失っていなければ、それは夢のかけらを拾って組み立て直すチャンスになる。展望は同じ。形は少し異なるかもしれない。展望はより明確化し、形はいっそう明瞭になるかもしれません。

夢のさまざまな断片を組み合わせて、ばらばらになった部分を所有し直し、夢の内に隠れた可能性を再認識しよう。私たちが進歩し、時間が変化するにつれて、ときには公式を刷新することも必要になる。

じっと目を凝らせば、かならず学べることがある。とくに、障害物からは学べることが多い。障害物が最高の先生になる。障害物は自分の強みと弱みを最大限に活かす方法を教えてくれる。障害物のおかげで新しい理解の領域へと目が開かれ、新しい技能(スキル)を開発できるかもしれません。

行うのが賢明と思えることを実行したら、それを忘れてまた歩みつづけよう。歩みを止めず進んでいくと新しい景色が見えてくる。歩きつづけて、鳥たちが飛ぶところを見よう。歩きつづけて、経験の入り口をふさいだり出口をふさいだりするものは全部捨ててしまおう。

突発的な危機をうまく乗り越えたことから、思いがけず生涯にわたって続く旅が始まることも人生にはあります。父は障害物と手を携えて道にとどまることができた。小川に岩が落ちてきても、彼の水はそれに適応して流れつづけた。

でも、投げつけられた変化が大きすぎて対応しきれない人もいるでしょう。たとえば、人生の意味が完全に崩壊してしまったようなとき。そんなときはどうしますか?

第七章　暴風雨

いかなるときも、
自分の内なる光に暗闇から導いてもらうこと。

目の前に現れた障害物が大きすぎて、それが何であるかさえ認識できないときがある。単なる問題というレベルではなく、自分という存在を根底から揺さぶる実存的危機に陥ってしまう。人生が予期せぬ形で激変し、途方に暮れる。そんなとき、あなたは荒れ狂う嵐の真っただ中にいて、見渡すかぎり巨大な波のうごめく大海原で漂流している。津波があなたのほうへ押し寄せてくる。何の前触れもなく。

混沌(カオス)

一九九三年三月三十一日の深夜、ニューオーリンズの自宅ベッドで眠っていると母から電話がありました。兄のブランドンが映画の撮影現場で事故に遭い、怪我をしたというのです。母とアトランタで合流して、撮影現場のノースカロライナ州ウィルミントンへ飛ぶことになりました。

何のために荷づくりをしているのかもよくわからないままバッグに荷物を詰め、その日の未明に空港へ向かった。母と合流したあと、飛行機の待ち時間に続報が入ってきました。ブランドンは大動脈を損傷し、治療を受けている。どのくらい深刻な状況なのかはよくわからない。

機内では母と別々の席になりました。飛行機が飛んでいるあいだ、私は軽いパニック状態で、ずっと不安でした。と、いきなり全身に稲妻が走ったのです。エネルギーのビームが下から機体を通り抜け、私の身体から頭上へと突き抜けたような感覚でした。一瞬面食らったあと、私はワッと泣きだした。兄が亡くなった。そうわかったのです。兄の魂が私の身体を通り抜けた、そうとしか思えなかった。そう感じたとしか説明のしようがありません。ややあって、涙をこらえ、思いちがいだと言い聞かせようとしました。そんなことわかるはずがない。合理的に考え、理屈をつけてみました。ストレスにやられて不合理な考えに取り憑かれただけなのだと。

ウィルミントンに着き飛行機を降りると、兄の婚約者が出迎えてくれました。母が歩み寄り、抱きしめ合う。婚約者からひと言ふた言。その瞬間、母は地面にへたり込みました。私の直観は正しかった。兄は亡くなったのです。

そこからあとは感覚が麻痺していました。泣いているばかりで、ショックで何も考えられない。三人で車に乗り込み、病院で遺体と対面しました。これも恐ろしい体験でした。何時間もかけて手術と輸血を受けた姿は、兄と思えないほど変わり果てていたのです。あとは混沌（カオス）。人生の荒野へと転落です。風景を理解できない地図なき地形へ。

幼いころに父を亡くした経験もあったはずだとお思いになるかもしれません。それはそのとおりです。でも、あのとき私はまだ四歳で、曖昧模糊とした混乱と混沌の記憶しかありません。

悲しみに暮れる香港の人たちが何千人も、父の葬儀のために通りに並んでいた。母と兄も悲しみに暮れていた。私は内にこもっていた。それだけです。悲嘆（グリーフ）という言葉すら知らなかった。自分が悲しんでいたかどうかも覚えていない。知らず知らずのうちに（ありがたいことに）、そのときのことを記憶から遮断していたのです。

　ところが、それから二十年後、悲しみが野獣のように押し寄せてきた。ノースカロライナに何日か（二日だったのか三日か四日か、よく覚えていません）滞在し、飛行機でシアトルへ飛び、父の隣に兄を埋葬した。ロサンゼルスへ移動し、そこで追悼式を行った。そうするうちに私の誕生日も過ぎていきました。身体はそこにあったけれど不思議な夢の中にいるようで、景色も音もぼやけ、圧倒的な悲しみと認知的不協和しか感じられなかった。

　ようやくニューオーリンズへ戻りましたが、この世にもう兄はいない。どうやって生きていけばいいの？　宇宙は無意味な場所と化していた。もう意味なんてどこにもない気がした。嵐の真っただ中に立っていた。一方から津波が押し寄せ、もう一方では竜巻が猛然と接近し、足もとを地震が揺らしていた。

　日々をどう過ごすかはわかっても、どう**生きて**いけばいいかがわからない。同年夏の終わりにはロサンゼルスへ戻って兄の近くに住み、俳優業を始める予定だったのです。『クロウ／飛翔伝説』の撮影開始前に、兄にもその話をしていました。兄が亡くなってニューオーリンズへ戻ったとき、カリフォルニアへ引っ越すまでの二、三カ月間、テュレーン大学〔在ニューオーリンズ〕のキャンパスにある学生寮にペンキを塗るアルバイトをしました。誰とも話す必要がないという点では打ってつけでした。音楽を聴きながら、ルイジアナ州の夏の猛暑の中で一日八時間、シンダーブロックの壁にローラーでペンキを塗っていた。

ある日、その作業中にとつぜん膝が崩れてへたり込んでしまった。棒につかまって必死に身体を支えていた人がついに力尽きた、そんな感じで崩れ落ちたのです。床に座り込んで、初めて息をしたかのように荒い息をつき、そこで、自分は何カ月も息を止めていたのだと気がつきました。それが悲しみの激流の始まりでした。ダムが決壊したのです。

予定どおり夏の終わりにＬＡへ引っ越し、そこで生まれて初めて、飛行機が通り抜ける乱気流や人との会話といった何気ないことが怖くなってきた。たえず心の痛みを感じ、朝起きられなくなったり、服を着替えることさえままならなくなりました。ソファに座ったまま何時間も動けない日もあった。泣きながら、車でＬＡの街を走った。心に問題を抱えながら、外面的にはつつがなく一日一日を過ごし、俳優業に挑戦するための努力にも取りかかり、恋人と暮らしていました。お務めを果たすかのように、人生をやり過ごしていた。その間ずっと、どうすれば晴れやかな気分を取り戻し、この世界を理解できるのだろうと、心の中では途方に暮れていました。

あのころは、すがりつける信仰のある環境で育っていたら、と思いました。なぜこんなことが起こったのか、兄の魂はどこにあるのか、いま何をすべきなのか。そんなことを把握できるような信仰とともに育ちたかった。自分の身に降りかかった出来事に説明をつけられるような文脈を私は持っていなかったのです。かといって、宗教的な説明を望んでいたわけでもない。ただ、この激流の仕組みを教えてくれるものがあるならそれを信じたい、そんな気持ちでした。

こんな状態で何年かを過ごしていました。結婚し、仕事を始め、家を建てた。どれも外面的なことです。でも、心は閉じていた。嵐はなおも激しく吹き荒れていて、私は溺れかけていた。

父はこう言いました。「〝存在〟の反対は何か。〝非存在〟、つまり存在しないことと即答するかもしれないが、それは正しくない。存在の反対は〝抗存在〟なのだ」

非存在は不毛の無で、抗存在は生きることに背を向けること。この時期の私は多くの意味で抗存在でした。存在はしていても、生きている実感がない。毎日を過ごしていたけど、形だけの人生です。計画を立て、道を選んでいても、自動操縦されている感じでした。本当の意味でキャリアや結婚、人生を具現化していなかった。

悲劇や衝撃的な出来事があったかどうかにかかわらず、そんな心地で暮らしている人は少なくないのではないでしょうか。生きている理由がわからず、意欲的に取り組んでいる物事もなく、心を閉ざし、何かが欠けている。もっといい状態があるはずだと頭ではわかっても、どうしたらいいか見当もつかず無為に過ごしている。

苦しみを癒す薬

たまたまそのころ父の著述をまとめて本にする企画が持ち上がり、検めてほしいと元資料が送られてきました。当時の私は出版事業に携わっていなかったので、遺族への配慮としてです。兄が亡くなって二年ほどが経ち、暮らしも落ち着いてきたころでした。山ほど積み上がった父の言葉に目を通しはじめました。「友よ、水になれ」「無法を以て有法と為し、無限を以て有限と為す」など既知の言葉もあった。そんな中である言葉に出合い、それが心に響いた。

苦しみを癒す薬は初めから自分の中にあったのに、それを私は飲まなかった。病は自分の中にあったのに、いまのいままで気づかなかった。蠟燭のようにみずからが燃料となって自身を燃やし尽くさないかぎり、光は見つからないのだといまわかった。

この言葉がなぜストンと腹に落ちたのかはわかりません。これでどうすればいいのかもわからなかった。でも、このとき初めて、希望としか言いようのないものを感じたのです。自分が解こうとしていることすら認識していなかった巨大なパズルの手がかりを、誰かが手渡してくれたかのように。

追い詰められて切羽詰まった心が、「助けて。このままじゃ生きていけない。お願いだから助けて」と自分自身にくり返し叫んでいることを、ようやく認識しはじめたのです。父のこの言葉を読んだとき、最初の光が細く射し込んだ。意識下で求めていた助けが来たのです。

私たちはよく、痛みを無視したり、頭から消し去ったり、認めずに放置することでそのつらさから逃れようと考えます。そのうち自然と消えていくかもしれないからと。でも、すでに私は消すことができない大きな苦痛を味わっていた。そこへ父の「苦しみを癒す薬は自分の中にある」という言葉。本当なの？ どこにあるの？ さらに言葉をたどっていくと、「病とともに進み、病に寄り添い、病と付き合うこと。これが病を取り除く方法だ」とあった。さらには、「混沌の中にこそ好機がある」。

私は混沌の渦に投げ込まれて硬直し、痛みに握りつぶされて、息も絶え絶えでした。人生に取り組んでいるふりをしながら、実際には逆らっていた。よい人生なんて、もうあるとは思えなかった。父を亡くし兄まで亡くしたのに、人生がもういちど好転するはずなんてない。この状態から真の幸せに続く道なんてあるわけがない。何の楽しみもない人生に膝を抱えてうずくまっていた。しかし、ここから私は心の内に目を向けたのです。父の言葉を生きたいと思った。これで終わりじゃないと信じたかった。

こうして、混沌の整理に乗り出しました。自分の悲しみに寄り添い、本や言葉、心理療法士（セラピスト）や代替医療師（ヒーラー）を探す。喪失の悲しみに心を開き、どう生きていけばいいかを教えてもらう。父の哲学を深く掘り下げ、目的意識が高く地に足のついた完全な自分、余すところのない自分を追求しはじめました。それはいまも続いています。私もまだ道半ばなのです――皆さんと同じように。自分が下した選択や間違いによって、ときにはまた休眠状態にいざなわれたり、人生から離脱したりすることもあった。でもあの瞬間、生まれて初めて、この先にはもっと何かある、これで終わりじゃないと思いはじめたのです。喜びを感じ自由になれる可能性が見えてきた。それを追い求めるうち、気がつきはじめた。ずっと忘れていた生き生きと暮らす力が自分の中に眠っていることに。人生の現実を受け入れていくうちに、父の死後、人生の大半で自分が慢性的なうつ状態にあったこと、そして三十歳くらいでやっとそこから解き放たれたことに気がつきました。無知な私は、自分が感じている心の痛みは誰もが感じているものだと思っていたのです。誰の人生もそういうものなのだと。

父はこう言いました。「逆境に立たされたとき、人はそのショックを糧に成長する。暴風雨に見舞われ、それが通り過ぎたあと、いろんな植物が成長するように」自分の手で治療を行い、ひたすら全体性を求めることで、私は父の真実を見つけ、自分のものにすることができました。暴風雨を切り抜け、その向こうで花開く新しい人生を発見した。人生という旅を信じる心を育めるようになった。すると人生がその秘密を私に明かしはじめました。

父の言葉がマッチを擦って最初の光をあたえてくれた。蠟燭のように私は燃えはじめる。雲に埋め尽くされた空がゆっくり晴れていき、世界全体が明るくなってきた。

私たちはつねに何かになる過程にあり、固定されたものは何ひとつない。自分の中から硬直したシステムを排除すれば、柔軟になり、たえず変わりゆく状況に合わせて変化できる。心を開き、流れてゆこう、友よ。いまこの瞬間を生きている完全な開放感の中で流れていけ。きみの中に凝り固まったものがなければ、外の世界の状況は明らかになっていく。たえず流れていく水のようになれ。そして、鏡のようになれ。木霊(こだま)のように反応しろ。

困難な局面であっても、人生に逆らうことをやめたとき、あなたは人生の一部でありはじめます。人生が羽を広げてあなたを守り、「見て。これが私たちの生き方だよ」と言ってくれる。しばらくすると、川岸近くで小さな渦になってぐるぐる回っていたのをやめる準備が整っていることに気づきます。自分自身が流れであるとわかっているので、安心してもういちど流れだすことができるのです。

信じて賭ける

私がこの話をしようと思ったのは、あなたが人生を「こんなもの」と感じているかもしれないからです。それどころか、人生は苦痛に満ち、人生に虐げられている気がしているかもしれない。もしそうなら、あなたは暴風雨の中にいて、気づいていないのかもしれない。二十六年間停滞していた私のように、知らないうちに心を閉ざしているのかもしれない。本当の人生を生きていないと気づくために、私のようなつらい出来事を経験する必要はありません。いまは活力にあふれた自分を想像できなくても、それはあなただけではない。潑溂とした自分にあなたもなれる。そういう自分になったことがないからといって、なれないわけではない。でも、そのためには意を決し、なれると信じてそれを追い求める必要がある。信じてそれに賭ける必要がある。

父はこう言いました。「理性が不毛なものに見えるとき、信仰を嘲笑うことはできないし、嘲笑うつもりもない」信仰とは何か。父は「信仰とは自分の目的を物理的な形に変換するために魂を維持すること」と定義しました。信仰とは魂を維持すること。私にとっては、自分を完全な状態にしてくれるものを信じることです。さらに父はこう書いています。

信仰は心の状態で、自分を律することで条件づけできる。自己暗示の原理によってくり返し潜在意識にはたらきかけることで誘発したり創出したりできる。これが信仰という情動の自発的な発展である。

この言葉を読み解いてみましょう。信仰とは信じること、信頼することです。理性や論理、証拠、推論、分析などが存在するいっぽうで、自分を信じること、自分を助けてくれる人を信頼すること、人生という旅に身をゆだねること、自分の本能と直観を信じるといった意味での信仰も存在する。直観は魂の言語。心をどう表現すればいいか指し示してくれるもの。直観は論理的な理由なしに心が受け取る感覚や信号。信仰を育み、それに従うようになれば、直観を信じることで暴風雨から逃れ出る道が見えてくる。

よい知らせがあります。その種の信仰をお持ちでなくても、それを育むことはできるのです（肯定的自己暗示（アファメーション）というツールを覚えていますか？）。毎日、次のことを自分に言い聞かせることに決めれば、それを育むことができる。すなわち、自分を信じなさい。自分の内なる誘導システムを見つけて感じ、実行しなさい。耐え忍ぶ練習をしなさい。自分の本能を信じ、人生という実験に没頭すれば、嵐から抜け出して花開く道を発見できると信じなさい。

兄が亡くなったとき、「すべての出来事には理由がある」と言ってくる人たちがいました（プロの助言——誰かが苦しんでいるときは控えたほうがいい格言です）。心の傷に直面したことで得た贈り物にあとから気がつくこともあるけれど、心の傷はあくまで心の傷で、処理すべきことがたくさんあります。いつか心の準備ができたと感じたら、暴風雨に見舞われたときもあなたはそれに寄り添い自分の道を見つけることで、それを乗り切ることができるという考えに意識を集中しましょう——たとえ、両手両膝をついて這い出るのがその方法であったとしても。どれだけ時間がかかっても魂が立ち上がれる人。それがあなたです。どうかそのことをお忘れなく。

八正道

では、暴風雨への対処法を明確にしておきましょう。あなたの人生で希望を失ったときのことを考えてください。それはあなたがいま対処している悲劇かもしれないし、直接の原因が思い当たらずいまだに理解できていない深い倦怠感かもしれない。遠い昔に対処せずに放置し、いま本格的な嵐に変わった障害物かもしれない。何であれ、それが喜びや生きがいを妨げているのは確かです。

仏教の〝八正道〟という概念をご紹介しましょう。通常はこのように表されます。

正しい見方〔正見〕
正しい心〔正思〕
正しい言葉〔正語〕
正しい行い〔正業〕
正しい生き方〔正命〕
正しい努力〔正精進〕
正しい意識〔正念〕
正しい瞑想〔正定〕

一見してわかりますか？　私もわかりません。簡潔な言葉に見えながら、どれも非常に大きな概念を表しています。でも、父の力も借りながら、暴風雨への対処法としてこれら八つの「療法」を読み解いてみましょう（私も父も仏教の教えを実践していたわけではない点はお断りしておきます）。

【正しい見方】

ブルース・リー（以降ＢＬ）の解釈――何が悪いのか、はっきり見極めなければいけない。

シャノン・リー（以降ＳＬ）の解釈――何が悪いのか知り、理解して、何が問題なのか見定めましょう。自分の気持ちを感じ、それを特定する――悲しみなのか、怒りなのか、断絶なのか、苦しみなのか。どこで心を閉ざし、どこに怒り狂い、どこで傷ついているのか確かめる。可能ならその原因を特定しましょう。

【正しい心】

ＢＬの解釈――癒されようと決意すること。

ＳＬの解釈――もうこれ以上このままでいたくない、と意識して意を決しましょう。何とかしようと決意するのです。変化を起こすと決め、この問題と無縁の暮らしはできる、あるいは、その問題があっても充実した人生を送ることができるという考えを全面的に信じましょう。

【正しい言葉】

ＢＬの解釈――癒されることをめざして話す。

ＳＬの解釈――疑いや自己卑下を捨て、うわべを飾ったり嘘をついたりするのはやめましょう。あなたは自分自身に取り組んでいるのです。それをつかみましょう。問題と解決法について楽観的に話しましょう。あなたが話す言葉であなたの新しい生き方を感じましょう。

【正しい行い】

ＢＬの解釈――行動しなければいけない。

ＳＬの解釈――ツールを抜き出して、すぐ取りかかりましょう。行動を通じ、この世界での振る舞いを通じて新しい生き方をしてください。これはあなたが完璧という意味ではなく、あなたは何かをめざし、それに向かって進んでいるという意味です。読書したり、講義を受けたり、心理療法(セラピー)を受けたり、肯定的自己暗示を行ったり――いますぐ行動を起こしましょう！

【正しい生き方】

BLの解釈――生計を立てることが療法と対立してはならない。

SLの解釈――悪い習慣、有害な環境、後ろ向きな関係など、自分を脱線させるとわかっていることに関わらないようにしましょう。あなたの〝療法〟とは、あなたがつくり出す新しい生き方の一部としての行動や話す言葉のことです。あなたの〝生計〟とは、かならずしも暮らしを立てることではなく、あなたの人生、生き生きとした姿、環境といった意味です。自分の歩んでいる道にそれと知りつつ障害物を投げ込まないこと。自身の道を邪魔しないこと。他人に自分の道を邪魔させないこと。可能なかぎり道には余計なものを置かないようにしましょう。

【正しい努力】

BLの解釈――療法は〝適度な速度〟で進めること。

SLの解釈――マラソンと同じで、スタートから飛ばすと最後まで行き着けません。どこかにたどり着くべき場所があるかのように〝そこへ行きたい〟と焦ってはいけません。残りの人生をできるだけ生き生きと、地に足をつけて歩んでいくために人生はあるのです。だから自分の維持できるペース、自分をしっかり生かせるペースで進みましょう。

【正しい意識】

BLの解釈――それを感じ、たえずそのことを考えなければいけない。

SLの解釈――治療法を求めなくてはいけません。治療法を心に留め、癒されることをつねにめざす必要がある。思い詰める必要はなくても、つねにそれをめざさなくてはいけない。それを忘れてはいけないのです。コースを外れたら、思い出してコースへ戻らなくてはいけない。つねに頭の片隅に置いて、明確にし、たえずコースを維持しなければいけません。

【正しい瞑想】

BLの解釈――深い心で熟考できるようになること。

SLの解釈――深い心とは自分の心以外にも耳を傾けられる心のこと。感じる心、広がりのある心、肉体や魂と一体化した心、分析するだけでなく熟慮する心です。心にはたらきかけ、ひとつの経験をしているつもりで自分の考えに取り組みましょう。思考から感情、さらに本質へと変化していく。内面と外面が一体となるように、行動を通して考えを表現できる可能性を感じてください。心をくり返しあらたな生命力で満たすことのできる無限の創造性を持ったコップと見立て、そこにはたらきかけられるようになれば、あなた自身を通してその力を表現できるようになります。

たくさんあって大変ですが、これら八正道の順序やルールにはあまりとらわれないことです。ただこの生態系に身を置いてください。悲しみの暴風雨にさらされていたとき、私は長らく自分がどんなプロセスをたどっているか気がついていなくて、最初に聞こえたのが、「助けて。このままじゃもう生きていけない」とマントラのようにくり返す切羽詰まった声でした。痛みと悲しみにさらされているのはわかっていたので、その意味では、何がいけないのかはっきり見えていたのでしょう。そこで父の言葉に出合い、その言葉に身を浸したとき、間違った状況を修正して行動を起こそうと無意識のうちに決めたのです。

正直、あのままではもう生きていけなかった。手にした本や人からの提案など、可能な道を追いはじめました。順序だった試みではなく、明確な目的があったわけでもないけれど、そこに心の健康がかかっていたから続けました——必然的に、スタミナ切れを起こさない程度のゆっくりとした歩みになりましたが。

そうするうちに傷が癒えてきて、人生が明らかになってきました。ふたたびはっきりと前へ進みはじめた。しばらくして、さらに自分の療法を生業（なりわい）として具現化するため、父の遺産管理という難題に取り組むことを決めました。治療のために必要だったわけではないけれど、それを求められていると感じ、さまざまな困難があったものの、幸いそれを実行することができました。いまも本当の自分でいられるよう心を広げ、成長を続け、努力を続けています。心の奥底で熟考する方法がようやくわかりはじめたところです。考えるだけでなく感じるとはどういうことか。これはとても高い境地で、到達するには時間がかかります。だからこそ優しくたゆみなく自分の手を握って、自分を前へ引っ張りつづけましょう。手を引っ張ってくれる人がいるなら、その人にも助けてもらいましょう。

どれも一定レベルの誠実さと献身が必要になります。かならずしも簡単ではない、と私が言ったのを覚えていますか。でも、それが自分の身となり生き方となってくれれば、楽になってきます。それがあなたを変えるのです。

熱意は神

みなさんに願うのは、心の中に熱意を持ちつづけることです。熱意とは、意識的な成長と癒しにともなう自然な副産物です。暴風雨を乗り切ったときはまず安堵の吐め息をつき、そのあと興奮するでしょう。その興奮を炎のように扇ぎ、さらに明るく燃え上がらせましょう。父は、「私たちの熱意は内なる神格であり、本能的に夢を体現する術を育んでくれる」と言いました。熱意を持ちつづけているときは人生に触発される。喜びに満ち、心が燃えています。あまり自信がなければ、好奇心を熱意に置き換えてみましょう。そうすればおのずと何かに熱中したい欲求、楽しみたい気持ちが生まれ、その気持ちが行動を生み、行動が活力を生み、活力が深い喜びの瞬間や自信につながります。

父が二十一歳のときパール・チョーに書いた手紙を覚えていますか? 父はそこで次のように述べています。「自分の中に信念や野心、自信、決断力、展望、よりすばらしい創造的で精神的な力の存在を感じます。いま挙げた全部が組み合わさったものを。私の脳内の意識を引き寄せずにおかない、そんな支配的な力をいま手に入れたのです」

自分が創造的、精神的な力を手にしていることに気づいてください。あなたがその力です。

あなたはみずから指揮し、成長し、創造することができる。この力はあなたの潜在能力であり、見つけてもらうときを待っている。それがあなたを暗闇から導く光なのです。

兄が亡くなってからの二十七年間、その悲しみと心の傷の癒しを深く掘り下げてきたおかげで、今日の私の状態は好転し、完全な自分に近づいています。兄を亡くさずに学べていたらよかったのにとは思いますが。でも、あの喪失からいくつか贈り物もありました。死は人生の一大教師で、生きていることの意味、何事も永遠に続きはしないこと、宝物への道のりは長いこと、後ろ向きな考えと憎しみは役に立たないことを教えてくれます。魂とその永遠の性質、立ち直る力を教え、真の愛と高潔さを教え、手放すことと受け入れることを教えてくれる。流れる水といっしょに旅をしながら、私を皆さんのもとへ導いてくれた教えです。

この世から逃れられる場所はどこにもない。不安を乗り越えられる酒場はない。罪を償える牢屋はない。だから禅では、何が問題なのか教えるのでなく、問題があるとすればそれは「何の問題もないことを私たちが理解していないこと」に尽きると教えているのだ。もちろんこれは、解決策がないということでもある。

第八章

息づく空

空にはふたつの側面がある。ひとつは文字どおり空っぽの虚空。もうひとつは、気づきがあってみずからに意識が向いている空。表現が適切でないかもしれないが、この気づきは〝私たちの中〟にある。もっといえば、私たちが〝気づきの中〟にある。

水に関する父の言葉に、容器にそそがれたとき水はコップやボトルやティーポットになるという箇所がありました。水はどんな状況に入り込んでもたちまちそこに適応するという柔軟性についての言葉です。

でも、これは父が〝息づく空（くう）〟と呼んだものの解説でもあります。水はたちまち反応して相手と共創するという概念です。水はコップを評価する必要もないし、自分がそこに収まるか、どう容器を満たすのが最善かを考える必要もない。自然に、たちどころに、ただそこへ動きだすのです。

それがおのずと打つ

映画『燃えよドラゴン』が初めて上映されたときは、父が脚本を書いて撮影した場面がカットされていましたが、公開二十五周年にあたりワーナー・ブラザースがその場面をすべて復活させました。そこで父は師匠の僧侶と歩いていて、師匠が父に問いかけます。

僧侶：きみの才能は単なる身体的レベルを超えたようだ。いまやきみの技能は精神的洞察の域に達している。いくつか質問がある。きみが極めたい最高の技は何か？

リー：技を持たないこと。

僧侶：よろしい。相手と対峙したとき何を考える？

リー：相手はいません。

僧侶：それはなぜか？

リー：〝私〟という言葉が存在しないからです。

僧侶：なるほど。続けて。

リー：優れた武術家は緊張せず、準備を整えている。考えず、夢を見てもいない。何が起こってもいい準備ができている。相手が伸びれば自分は縮む。相手が縮めば自分は伸びる。チャンスができたときは、私が打つのではない。それがおのずと打ち込むのです。

〝それがおのずと打ち込む〟。武術にしろ、人生にしろ、息づく空（くう）に関わるとはそういうことです。でもまずは何歩か下がって、空（くう）について私たちは何を知っているかから始めましょう。

ただありのままに

ここまで、心の状態として無の話をしてきました。決めつけや条件づけされた考え方を排し、心を開いて、いまという瞬間に集中し、いま起こっていることと向き合うという考えです。〝選択なき気づき〟を覚えていますか？　心という名のコップを空(から)にする話もありましたね。これが〝息づく空(くう)〟の第一の側面です。この気づきの第一段階は〝善悪〟〝正誤〟といった二元論的思考の牢獄から自分を解放し、執着せず、あるがままに物事を見ることです。必要なのは、そのときどきに現れるあらゆるものを受け入れ、認め、感じ取ることだけ。他には何もする必要がない。

この息づく空(くう)という側面を別の角度から見れば、空っぽの心とは正直さ、誠実さ、偽りのなさ、素直さといった精神的姿勢です。いま起こっていることに率直に向き合うには、自分に正直で誠実でなければならない。あらゆる経験に、偏見を持たず正面から取り組まなければいけない。いまという瞬間に全集中し、経験に正直に向き合えたら、真の意味で経験を掘り下げられるようになる。自分を輝かせてくれるものは何か、自分の好きなことは何かだけでなく、意欲をなくさせるものは何か、望んでいないことは何かもわかってくる。どこに障害物があるのかわかってくる。誰に抵抗を感じているか、どこに注意を欠いているか、どんなパターンにはまっているかもわかってくる。この状態になれば、自分にどんな強迫観念があり、どんなことを毎日くり返していて、どんな決めつけをしていて、人間関係においてどんな接し方や反応をしているかがわかってくる。ただしそれは、正直かつ誠実に自分に向き合えた場合に限ります。

> つまり、ショーを演じ、うぬぼれて、増長し、図に乗るのは簡単なのだ……。しかし、自分に嘘をつかず正直に自分を表現すること……それは生半可なことではない。

自分に嘘をつくのをやめて完全に誠実になることができたら、これまでにご紹介し、練習してきたツールやアイデアすべてが、〝息づく空(くう)〟を知る準備を整えてくれます。

私がこれを〝息づく空(くう)〟と呼ぶのは、行く手にあるものすべてを呑み込むブラックホールのような虚空ではないからです。そこは意識が高まる〝努力なき気づき〟の世界で、活力に満ちている。そこでは、あなたは積極的に受け止めて感じる人であり、何の障害もなく受け止めている。父は空を表す言葉をたくさん知っていました。空っぽ(エンプティネス)、無(ナッシングネス)、形なき形(フォームレスフォーム)。父は〝息づく空(くう)〟のこの側面を〝無心〟とも呼んでいました。いわく、「無心とは感情や気持ちがないことではなく、気持ちに執着や遮断がない状態、とらわれのない心をいう」さあ、これで私たちは開かれた心と、感知する心、正直な心を知り、そこへもうひとつ〝何事にもとらわれない心〟が加わりました。自分の考えや感情は自覚していても、強迫観念、注意散漫、動転、混乱といった負のスパイラルに陥ることはありません。

> 精神を阻害する要因を全部取り除き、習得した技術をたえず無意識の努力で捨てて、心を流動的な状態に保つことができないと、専門知識に習熟することはできない。

父の言う〝精神を阻害する要因〟とは、あなたの流れと即時的な表現を阻むものを指しています。こういう障害を取り除き、「無意識の反応」から「スキルに支えられた巧みな対応」へと移行する必要があるのです。

この世には無意識に反応する人と意識的に対応する人がいる。無意識の反応は未熟さの表れで、自分の状態や本能に気づいていないとき、エゴに動かされているときに起きます。意識的対応は円熟した姿勢の表れで、より高い次元の自分が舵を取り、気負うことなく巧みに選択していきます。

なので、精神の阻害要因を取り除くには、それに気づく必要がある。自分が抱えている心理的障害や条件づけを解消するには、それらをすべて認識する必要がある。父は「住み処を定めず、たえず流れつづけ、自分の限界や優越を乗り越えられる心」を養えと言いました。私たちは〝区別したり限界を感じたり〟をやめられない。ならば、それらに支配されないよう意を決するしかありません。人生の絶え間ない相互作用の中で意識的に自覚しつづけるのです。思考の流れを止める精神的(メンタル)ブロックや強迫観念、打算的な心、人より優れている必要、人前でかっこをつける必要を排除して、ありのままの自分でいることです。

この境地に達したらもう、話す前、行動する前に身構える必要はありません。その瞬間、自分を信じて話したり行動したりするだけでいい。私たちの練習はすべてこのためにあるのです。つまり、すべてを分析するために立ち止まる必要もなくなり、わざわざ自分を装う必要もなくなる。父は、「会得した知識や技術は〝忘れる〟ためにあり、たえず忘れることで何の障害もなく快適に空(くう)を漂うことができる」と言いました。どんな状況でも自信を持って自然に動ける自分を想像してみてください。それこそが個人の力、自由、表現の極致でしょう。では、このレベルに到達するには何が必要になるのか。

修養段階

〝何も考えずに〟行動したり話したりしている人はたくさんいるし、彼らが〝生き方の達人〟とは思えない、と感じるかもしれません。それはそのとおりでしょう。世の中には無意識的行動と、意識的行動があります。無意識から意識へ、さらには意識的でもあり無意識的でもある〝空〟への進歩に取り組むため、父は自分流の〝修養段階〟をつくり出しました。段階は四つ。人間の持つ芸術性が成熟していく過程を表したものです。

一九六六年、父は例の〝ミニチュアの墓石〟をつくってくれたジョージ・リーに依頼して、自分と截拳道（ジークンドー）に設定した修養段階を表す飾り板をつくってもらいました。次に挙げるのがその四段階です。

部分的
流動的
空（くう）（自然のまま）
ジークンドー

【第一段階――部分的】

私たちのほとんどは「部分的」な段階から物事を始めます。無意識的な行動です。武術でいえば未熟な初心者の段階で、（一例を挙げれば）あなたにとって突きは突きでしかない。誰かから拳を振るってみるよう求められ、やったことがないから、ただ打ってみる。どう打つのが最善かと考えず、考えたとしても具体的な知識がないまま考える。突きというのはこんな感じだろうと思ったままに。それは突きではあるが優雅ではない。未経験、未制御の粗さがあり、テクニックもスキルもない。この段階は陰陽が分離した図で表され、父はこれを〝無茶〟と呼んでいました。

この段階を人生に当てはめると、思考や情動、行動に何の意識もない状態です。善悪、正誤などといった狭い受け止め方で未熟な反応をしながら活動している。何かにつけて身構え、他者の視点や気持ちに耳を傾けようともそれに配慮しようともしないとき、私たちは部分的でしかない。別の側面、別の経験、別の方法もあるのに、それを見ようとしない。人に寛大になれず、相手が彼ら自身の経験と理解で生きてきたことを考慮しようとしない。一定の行動パターンから抜けられ

ない自分の中の障壁を見ようとしていない。人生の荒波に翻弄されて岸がどこかわからず、ただ必死に水上に頭を出しているだけの状態です。

【第二段階――流動的】

「流動的」は、自分には（誰にとっても）まだ学ぶべきことがあると認めたときにたどり着ける段階です。そこから私たちは自分自身に向き合いはじめる。自覚が芽生えてくる。武術なら、突きがもはやただの突きでなくなる段階です。拳をしっかり打ち込むための複雑な要素をあれこれ認識し、鍛錬と練習を重ねてスキルを身につけはじめる。突きは腕と拳だけでくり出すものでなく、よい突きには全身の動きや感覚が必要だとわかってくる。しっかり突いて標的に当てるには、自分が最高の状態にあり、周囲のあらゆることを考慮しなければならないことがわかってくる。自分は誰を突き、何を突くのか、自分はどこにいてどう感じているのか、いまどんなことが起こっているのかを考慮したうえで現状にはたらきかける。父はこれを〝全体を構成するふたつの半分〟と呼び、陰と陽を二本の矢印が囲む図で表しました。補完し合う力がたえず相互作用している状態です。

この段階になると、私たちは心を開いていて、自分を知り自分を磨くことに取り組んでいます。自分の潜在能力を生かし役立てることは可能だと理解している。自分の誤りや障害物の存在を認め、練習し、学習し、成長できる過程（プロセス）を生み出す。意識し努力した結果が見えはじめているので、流動性を獲得することは可能なのだと認識でき、バランスと全体性が現実的な目標になる。自分のツールを養い、自分を変えてとことん理解しようとすれば、周囲の人々への思いやりという形でそれが人生に広がっていく。なぜ〝思いやり〟なのか？　それは、私たちが成長を遂げ自分の限界を理解しはじめたとき、誰もが限界にぶつかるのだと気づいて、あらためて周囲の人たちに共感するからです。

父は人生の早い段階で流動性を意識していたと思いますが、真にこの段階に至ったのは、柔軟性に欠ける鍛錬法を意識的に手放し、新鮮な目で自分自身と自分の武術を見つめようとしたオークランドの決闘後だったと思います。あれを転機として、本格的に改良と表現、努力に取り組みはじめた。武術家として、一人の人間として、もっと完全になるには何が必要かと深く考えはじめたのです。さまざまな格闘、運動、栄養学、哲学を掘り下げて、理解を深めスキルを手に入れようと奮闘した。訓練と発見によって、それをすべて人生に組み込んでいった。

「流動的」な段階では、人生は豊かで変化に富み、どんな問題も解決策はひとつでないことがわかります。私たちは数多くのツールを使い、さらに開発していく。創造的になり、表現力豊かになる。流れる瞬間を持てるようになり、一貫した流れを見つけられるようになる。刻々と変化する人生の本質を受け入れ、それに逆らわず、ともに歩む方法を学んでいくのです。

【第三段階――空】

これは息づく空、つまり父が真っ黒な四角で表した〝形なき形〟の段階です。

ここでは意識と無意識が一体となって機能しはじめます。もはや半分ではなく、全体性しかない。武術に喩えるなら、この空の段階に到達すると、突きはふたたびただの突きになる。つまり、スキルが磨き抜かれた段階に達し、もはや打ち方や突きの構成要素を考える必要がなく、さらには、いつ打つかさえ考えずにただ打てるようになる。この突きは熟練の技であると同時に、スキルが詰まった、おのずと（自然と）打ち込まれる突きでもあります。

私の親友で同僚でもあるクリスから、吉川英治著、チャールズ・S・テリー訳の小説『宮本武蔵』をもらいました。十六世紀から十七世紀にかけて実在した日本の武士で『五輪の書』（父の書斎にありました）の著者でもある宮本武蔵の生涯を描いた作品ですが、その中で私は〝息づく空〟を活写していると思われる一節に出合いました。

彼の計画は閃光のように浮かんだ。それは、訓練を積んだ武士の直観の繊維を構成する兵法の理論から導き出されたものではなかった。攻撃のモードを考え出すには時間がかかり、スピード最優先の状況では敗北につながることが多い。武士の本能は動物の本能とはちがう。はらわたが反応するように、知恵と鍛錬の組み合わせから生まれるものだ。理性を超えた究極の理性であり、考えるという過程を経ずに一瞬で正しい動きを起こす能力だった。

章の冒頭に出てきた『燃えよドラゴン』のリーと僧侶の対話を思い出してください。技の極致は技を持たないこと。『宮本武蔵』にもあるように、瞬時の行動方針は兵法の理論や技術から導き出されるのではなく、思考のプロセスを経ずに一瞬で正しい動きを起こす能力から生まれる。その反応は、戦士が獲得した知恵と鍛錬の組み合わせから生まれるものに他ならない。それは〝自分〟も相手もいない虚空から出現する。あるのは、あるがままの全体性とあるがままに反応して起こることだけ。言い換えれば、おのずと打つ！　これが水レベルの究極の極意です。

この成熟段階で、あなたは無限です。可能性の中心点に立ち、どの方向へも動くことができる。これはもはや戦術の備えではなく、瞬時に表現できる総合的な意識です。ここでの空（くう）は単に決めつけから解き放たれた規律ある心の状態ではなく、誰にも止められることなく流れるようにその瞬間とともに人生を共創する、賢明かつ本能的な創造環境でもあります。この空っぽの状態では、私たちと空は一体です。

この空という高度な段階に達するプロセスを理解するため、（第四段階へ進む前に）そこへ到達する仕組みをもう少し詳しく見てみましょう。

溝を埋める（ブリッジング・ザ・ギャップ）

武術にはブリッジング・ザ・ギャップという概念があります。間合いを詰める、溝を埋めるという意味です。間合い（溝）とは簡単にいえば、あなたと標的または相手を隔てる空間のこと。被害を受けることなく最大効率で溝を埋められる人が、高度なスキルを持つ人、すなわち最高の功夫（カンフー）ということになります。

武術にはこれに上達するために必要なツールがたくさんある。高い機動力――どの方向へも動ける俊敏なフットワーク。鋭敏な感受性――いまこの瞬間にしっかり集中してほんのわずかな状況の変化にも鋭敏に反応し、相手とその動きを読む力。絶妙のタイミング――易々と入り込める相手の隙を一瞬で見つけるセンス。深い理解力――自分の全経験を活かす能力。自発的な動き——先を読まれることなく瞬時に動ける力。
いまに集中して動く、切れ目のない相互作用です。父は次のように書きました。

> 動きの一体性と真の流れを習得するには、動きと動きの間の溝を埋める必要がある。

しかし、これが人生にどう当てはまるのか。どんな溝を埋める努力をすべきなのか。武術では、自分と標的を隔てる溝を埋めようとします。これに対し人生の溝とは、目標や夢、人間関係、仕事など、私たちの関わるあらゆることが対象です。

人生の溝を埋めるために、武術と同じツールをこのように活用したいものです。まずは〝機動性〟——さまざまな角度から機敏に問題に対処して人生を歩む力。〝感受性〟——いかなる状況でも、いま何が起こっているかを理解し、自分がどう感じ何を欲しているか知ることで、必要なことを感じ取る力。〝タイミング〟——動きだす最良の瞬間へ自分を導くだけでなく、相手に導かれることもできる力。〝理解力〟——過去の経験を見つめてそこから学び、獲得してきた知恵を状況にそそぎ込む力。〝自発的な動き〟——考えすぎて行き詰まることなく、自分にとって最善の動きが自然と瞬時にできる力。

溝とは空っぽの場所だと気づいてください。じつは、そこが現実の生まれる場所なのです。

選択が行われる瞬間でもある。このちっぽけな溝に判断や行動、反射、思考の瞬間が詰まっている。空っぽの溝は意識と無意識が出合う場所でもある。なぜなら、私たちはその溝で意識的な選択をすることもあれば、潜在意識の条件づけや積んできた訓練によって無意識的に反応することもあるからです。一本の道を選ぶ時間がどれだけあるかで選択が決まることもある。時間があればより慎重に、より意識的に選ぶことができる。時間がなければ無意識的な行動に出る。早く選ぶ練習や潜在意識を条件づける練習を積めば積むほど、その溝は小さくなっていく。どれだけ時間があたえられるかに関係なく、磨かれた本能を起点に行動できるようになる。

　ではここで、この溝と完全に調和できる自分を想像してみてください。あなたは意識的に自信を持って自分の反応を選ぶことができる。豊富な練習で潜在意識を条件づけた結果、あなたは無意識的に反応したときにも申し分のない表現ができる。完全に消えてしまうくらいこの溝が小さくなるとしたら？　こうした溝による途切れのなさこそが真の流れる感覚であり、そこにいる私たちは全体性の中で動いているのです。

　ブルース・リーはこんなふうに書きました。

> すべての動きは空から生まれる。心はこの空のダイナミックな側面に付けられた名前であり、空とは誠実さなので、そこには曲がった考えや自己中心的な動機はいっさいなく、純粋さと率

直さだけがあって、自分自身とその動きの間に何ひとつ入り込むことを許さない。

「感知」と「行動」の溝を埋める練習が私たちには必要になります。〝考える〟ではなく〝感知する〟という表現を用いるのは、従来〝考える〟は分析的思考を指し、そこには直観や本能、感情、潜在意識が含まれていないからです。ここまで私たちは、心と連動する〝感知器官〟としての全身をいかに発達させるかを論じてきたわけですが、ここからは「感知」から「行動」への反応時間を縮め、考えと行動を一体として自己表現していく方法を考察していきましょう。

めざすのは途切れのない動きだ。川の流れのように一瞬の中断も停滞もなく永遠に流れつづける連続性を、その動きは備えている。

どうすればこれは可能になるのでしょうか。その取扱説明書はあなたに書いていただく必要があります。これまで練習し発見してきたすべてから、自分にもっとも効果的なものは何か、その感覚を磨いてもらいましょう。「認識（知覚）は真実にたどり着く道」と父は言いましたが、認識（知覚）は誰かがあたえてくれるものではありません。自分で発見するものです。それは努力なき柔軟な意識から生まれます。自分を熟知する作業にいそしみ、精いっぱい生き、自分の姿勢を貫く用意をしてきたからこそ、あなたはそれを土台にしてすぐ行動に移せるのです。

先入観がはたらくと自由でいられなくなる。自由の実現には鋭敏な心や活力に満ちた心、段階を経ず瞬時に知覚できる心が必要になる……この時点で多くの人がこう問うだろう。「だったら、その無限の自由はどうすれば手に入るのか？」答えてしまえば梯子を掛けることになるので答えられない。また、それが何でないかは教えられても、何であるかは教えられない。そこだけは自分一人で見つけるしかないのだ、友よ。

この自由の感覚は、人生を楽々と流れていく方法を学ぶことから得られます。私たちが払うべき努力は鍛錬の努力、自分を磨く努力です。自分を磨けばますます完全な自分に近づき、急展開する人生に楽々と反応し、そこに参加できるようになってくる。考えすぎず、自然体が普通になる。ある瞬間に何をして何を言うべきかがわかり、それが正しくごく自然なことに感じられ、熱意や気楽さがやりとり全体に浸透している、そんな状況を自分なりに思い起こしてみてください。誰もが経験しているはずです。気の置けない相手との会話、販促会議中、テニスコートでのラリー、格闘中など、いろいろあるでしょう。状況をはっきり見通せるから、そこにいるあなたはどっしりと落ち着き払っていられる。

では、そんな瞬間と一体になって溝を埋める練習をするには、どうしたらいいか。まず、しっかりたくさん練習を積んだら、あとは自分の対応を疑ったり後悔したりしないこと。たとえば、誰かが手を差し伸べてくれたとき、その場で応じたいと感じたら手を取ればいい。誰かから何かを頼まれたとき、正しいことと思えなければ「悪いけど」と断ればいい。誰かがチャンスをくれたとき、たとえば香港で実績のない新興映画会社とプロデューサーから映画を二本撮る契約を提示されたとき、適切かどうかをその場で感知し、自信を持ってイエスかノーと言えばいい。

シンプルに

「空（くう）」の概念が厄介な理由は、理解するのは簡単でも実行するのは難しい点にあります。シンプルさについて説明している父の言葉は私のお気に入りです。「シンプルさとは問題に取り組むときの認識の質である」と父は言いました。空（くう）とは簡単にいえば、一瞬一瞬を大切にし、賢明に、どんな瞬間にも敏感に反応できる状態です。それでも、行うは難（かた）し。概念を伝えるのは簡単でも、実行に際しこのシンプルさを得るのは大変で、多くの練習が必要だと感じるでしょう。そもそも、何かに取り組むときシンプルなアプローチを貫けますか？　どんなにスキルがあってもずっとうまくいくとは思えません。でも私たちは、自分にとって正しいか間違いかという概念を手放してきた。間違えなければ学習もないので、失敗は感謝すべきこと。学習なくして次の高みへ進むことはできない。だから、練習の前からどう取り組むかで行き詰まってはいけません。ただひたすら練習するのみです。

一体性という概念をつかもうとするあまり個別に分解して考えはじめると、いろんな要素があって圧倒されてしまうでしょう。たとえば、何かに没頭しながらもよく観察していること、いまに集中しながらも感知していること、自然に反応しながら夢に向かって進もうとしていること、自分を知りながら自分を忘れること。お手上げですね。そこで私はこう提案します。分解して考えるのではなく、まずは始めてみて、練習しながら磨いていきませんか。そして、増やす努力でなく減らす努力をする。障害物を減らし、仕切りを減らし、区別を減らし、エゴを減らす。すると、いつしか「減る」が「増える」に転じてきます――以前よりおだやかで、健康的で、一体感があり、地に足がついてくる。

父は本当の自分になるプロセスをよく、彫刻家の作業工程に喩えました。私たちは大理石の原石で、彫刻をつくるときはそこに石を付け足すのではなく、内なる輝きを覆い隠しているものを全部削ぎ落としていく。削り取るたび本当の自分が見えてくる。父はこの喩えを武術にも使っています。

グンフーの極意は増やすことでなく、複雑さや装飾を取り除いて簡素化することにある――彫刻家が主題に粘土を付け足すのでなく、作品の真実が妨げられることなく明らかになるまで不要のものを鑿（のみ）で削ぎ落としていくように。

〝真実が妨げられることなく明らかになるまで〟――これが私たちのめざすところです。そして、私にとっての〝真実〟とは〝魂〟のこと。父の世界では、修行の高みとは体験者（少しわきに立って体験を評価できる立場）から体験そのものになることです。あなたが体験そのものであるとき、「この体験はすばらしい！」と評価している時間はない。ただ体験があるだけ。ただあるがままで、私たちはその中にいる。これが全体性、一体感、真の流れです。そして、私たちが流れだすと不思議なことが起こりはじめます。

魔法その一――歩調(ペース)が上がる

父の書き物をすべて収めたアーカイブを訪れる人の多くは、三十二歳で他界した父の膨大な生産活動量を見て驚きます。その短い生涯に映画の製作や武術の指導、子育てもしていたのですから。なぜこれほど多くの作品を遺すことができたのか。それは空(くう)に生き、足を取られる溝にはまり込まなかったから。溝にはまらなければペースは飛躍的に上がります。

父の創作と行動はすごいペースで行われました。しかも、急がず慌てず、ストレスなく、たちどころに行われた。考えを行動に移す名人で（武術の修練のおかげでしょう）、それが第二の天性になっていた。思いついたらすぐ実行する。もちろん、思いついた考えがすべてよいものではないにせよ、よくない考えを早く通過すればそれだけよい考えに早くたどり着けます。目標は失敗しないことではなく、早く失敗してその失敗から得た教訓を早く実行し、成功につなげること。

やるべきことがあっても再三後回しにする人は多いのではないでしょうか。たとえば、〝お皿を洗わなくちゃ〟と思っても実行に移さなかったことがあるのでは？　あとになって、まだ洗ってなかったと自分を責める。あるいは、洗わなくちゃと思いながらも、実際に皿を洗うまでに五回も考えてしまい、皿を洗っているあいだに〝疲れたからもう寝たい〟と思ってイライラしている。思ったときすぐ実行したとします。終わった。よし。さあ次だ。これなら余計なことを考えたり、自分を責めたりして時間を無駄にせずにすむ。その作業（と自分）から、足かせになるネガティブな要素は消えています。

　では、いまの例からもっと大きな物事を考えてみましょう。あなたはずっと小説を書きたいと思っていた。それを考えたときはわくわくして熱意に満ちていた。でもそこで、自分には能力が足りないとか、時間がないとか、荒唐無稽な話だとか（物書きでもないのだし）、そんな考えが続いて出てくると、不安定な吊り橋さえない溝にはまってしまう。でも、思ったあとすぐペンを握ったり、パソコンを開いて着想を書き留めたり、オンラインの小説講座に申し込んだりすれば、溝にはまることはない。作品を書き上げられるかは別として、これで始める準備はできました。次は、それを遂行するためにどれだけの努力が必要かを判断する番です。小説を書き上げるには十年かかるかもしれない。でも、どうでしょう。考えと行動の間に横たわる溝、生き生きとした共創的な空（くう）ではなく、ブラックホールにはまってスタートを切ることができなかったら、十年後のあなたの手に残るのは、書かずじまいの小説についての思いや無駄遣いした多くの時間とエネルギーだけで、成果としての小説はどこにもありません。

　別の例を考えましょう。最近知り合った人と話していて〝この人、大好き。いっしょにいると楽しい〟と思っても、それを表現するのに二の足を踏んでしまう。すると相手はあなたの気持ちを知らずに終わる。いい関係を育み関係を親密にするチャンスを逃し、その一瞬で自分の自己表現も犠牲にしてしまった。つまり、溝にはまったわけです。考えたことをすべて表現する必要はなくても、自分の魂の声が聞こえた気がしたときは、その場で正直に声に出して自分を表現してみましょう。

どれが自分の魂の声なのかを見分ける方法は？　まずは、私の話を鵜呑みにしないこと。自分で実験して考えることです（これまでの章へ戻る）。表現したりしなかったりを実験し、どれが正しいと感じるかを確かめる。表現しないでいると何度もくり返し頭に浮かんでくることがあったら、それは表現を求めている証である可能性が高いので、どう表現するのが適切かを判断しましょう。身体がどう感じているかに注目する。身体の軽さを感じ、活力を感じ、気分が上がった気がしたら、それを追いかける。締めつけられる感じや、気が滅入る感じ、気分が下がる感じがするときは、その感覚を追い払って生産的な形にする方法を考える。〝チャンスを逃した〟とくよくよする〝溝〟にはまらないことです。積極的に思うさま行動に移れるようになると、急に短時間で多くを達成できるようになり、振り返ったとき自分の進歩に驚くでしょう。

魔法その二――力がみなぎる

溝を埋め空を生きていると起こるかもしれない魔法がもうひとつあります。勇気がみなぎってくるのです。自分が運命を司っているように感じはじめる。船を操縦しているのは自分だと思えてくる。内と外、つまり、考えと行動が一致してくる。どんな場面でも本当の自分、すぐ反応できる自分になってくる。誰かのためにつくられた仮面をかぶったり、本当の自分を隠したりする必要はもうありません。気持ちがよくなり、自信が出てきて、力がみなぎってきます。最初は少しおっかなくても、心のクローゼットを整理して自分の考えや行動に責任を持てば、その先には成熟が待っている。それが〝正真正銘の自分になる〟ということです。

人は魂の船長であり、人生の主人である。そんな気づきをもたらし、行動の変化を起こさせるものは何か。それは偽りのない自分であること。自分で責任を引き受ける姿勢だ。

私の大好きなE・E・カミングス〔アメリカの詩人、劇作家〕の言葉に〝成長して本当の自分になるには勇気が必要だ〟というものがあります。まさしく至言ですね。自分をいかんなく表現し、行動や選択に責任を持つ。それが大人です。私が何度となく気づいたことがあるとしたら、どんな状況でも自分に責任を持つ頼もしい人を周囲は評価するということです。とくに、そこに優しさがともなうときは。簡単なことではないし、痛みをともなうことさえあるかもしれない。でも、そこから誠実さが生まれてきます。そして、誠実さは力強さと全体性の感覚につながる。責任を持って明確に意思を伝えられる人は、はたからどう見えるでしょう。共依存、つまり「自分自身に焦点が当たっていない状態」から解放され、自分の足でしっかり立つことができる人はどう見えるでしょう。あなたは思いやりがあり正直な自分でいられますか。真実と愛にあふれる人間でいられますか。自信と思いやりを持って、感じたままをすぐ言葉や行動に移せたら、どんなに力強いでしょう。

「人生で陥る状況にはどれも明確な原因がある。あなたにはそれに対処する姿勢、それを制御する力がある」と父は言いました。あなたには状況に対処する姿勢とそれを制御する力がある。自分の状況を認識し、自分を深く理解したうえで自分自身や自分の人生と意識的に協調する力があり、その方法を自分で決めることができる。正しい方法も間違った方法もない。責任を負うか負わないかだけ。責任を負うと力が湧いてくる。練習を積み、自然体になり、空（くう）を生きている状態に近づくほど、恐れは遠のいていく。自分の根っこから力を発揮できるようになるほど、恐れは遠のいていくのです。

根は魂の表現を支える柱であり、自然な表現の〝出発点〟でもある。根っこがおろそかになっているのに、そこから湧き出るものが秩序だったものになるわけがない。

しっかり根を張った魂からは地に足のついた本物の人生が生まれてきます。自分の心と魂に沿って生きているときは自分が何者かわかっているから、謙虚に生き、何も検証する必要がありません。他の誰かに認めてもらう必要もありません。息づく空の中では本当の自分でいられ、創造性を発揮し、自信を持ってどんな溝も飛び越えることができる。そうすることで、力強い完全な自分を感じられるからです。

魔法その三――安心

空を生き、偽りのない自分を感じてよどみなく流れていると、不安が消えていきます。安心できる――自信が持て、独り立ちでき、誰といても何が起きても大丈夫で、何も恐れずにいられる感覚です。努力が自然で、しっかりした目的があると、他人からよく思われようと自分の主張の正しさを証明したり、自分の立場を明確化したり、状況や人間関係を操作したりする必要がない。そういうことをするのは、気分がいいから、力があるから、知恵があるからだと思うかもしれませんが、それはちがいます。いまの自分には価値や力が不足していると感じているから、そういうことをする。自信がなく、無力や恐れを感じているからです。つまり、不安なのです。

この不安感は大きな原動力で、私たちは何とかそれを消し去ろうと躍起になる。しかし、本物の戦士（真っ向から人生に取り組むごく普通の人）は外に安心を求めません。内面の安心を育もうとする。その安心は、自分を知ったうえで変化と未知なるものを味方につける小さな努力を続けてこそ、生まれてくるものです。戦士と聞いて勇猛果敢に決然と戦いに臨む人物を思い浮かべたなら、そのイメージはこう切り替えましょう。人生が何を投げつけてきても優雅に決然と立ち向かう人、難題や自分の欠点を認めることから逃げない人、理想像だけでなく理想の魂を追い求める人、それが現代の戦士像、英雄像です。

ちなみに、戦士も恐れは感じます。でも、不安は感じない。自分の問題を解決したり失敗を潔く受け入れたりするツールやスキル、自信を持っているからです。自分の人生やそれを取り巻くいろんな人の人生と自分が、共創状態にあることを知っている。いつ行動し、いつ身を引くか、選択するのは自分です。自分の能力をしっかり把握しているから、たちどころに溝を跳び越え、自信を持って空（くう）を動き、美しい水の流れや荒れ狂う嵐など、何が現れてもそれに立ち向かうことができる。

こう言い換えようか。目の前の相手は怖くない。自分のことは自分でできる。相手を邪魔に感じない。だから、戦うにせよ何にせよ、覚悟ができている。大事なのはそれだ、ベイビー。

これが第四段階へつながるのです。

第九章

拳を途中で封じる方法

無法を以て有法と為し、無限を以て有限と為す。

第四段階——截拳道(ジークンドー)

父の最終段階は、みずから創始したジークンドーでした。武術に喩えれば、第三段階の〝高度なスキルを備えつつ自然にくり出される突き〟に加え、それが完全にあなただけの突きになる段階です。そこには掛け値なしに、あなた独自の表現が吹き込まれます。ブルース・リーがもう一人現れることは絶対にありません。この第四段階では、他の誰でもない、自分自身になる必要があるからです。ブルース・リーの第四段階になれるのはブルース・リーだけで、あなたの第四段階になれるのは、あなただけ。

ブルース・リーは名実ともにブルース・リーだったので、他の人では真似をすることさえ叶わないでしょう。動き方、たてる音、話し方、筆跡、筋肉組織、すべてが彼自身の手と努力で築かれた至芸でした。他の誰かをイメージして自分をつくろうとはしなかった。自分自身であることをひたすら追求した。それを見事にやってのけた。彼を見るとき私たちが感じるのはそこでしょう。人間の到達可能な領域を広げた人物です。途方もない、特筆すべきことだと思います。

父にとっての最終段階である第四段階には、武術の流派名を超えた大きな意味がありました。

逆に、これを体系(システム)や流派(スタイル)と呼ぶのを避けようとした。こうした言葉は人と人を切り離し、人と芸術性を限定しがちだからです。ジークンドーという名称にとらわれ、何がジークンドーで何がジークンドーでないかを議論するくらいなら、そんな名称は消えてしまったほうがいい、とまで父は言いました。ジークンドーはブルース・リーそのものです。ブルース・リーの魂を目に見える形で表現し、反映している。ブルース・リーの本質を現世に具現化し物性化したと言っても過言でないでしょう。武術としての表現にもっともよく表れていますが、そこには彼の人生の表現も含まれています。父がみずから言っているように、人生で大事なことはすべて武術の修行から学んだのです。

截拳道(ジークンドー)は、直訳すれば「拳を途中で封じる方法」。本章まで注意を払って読んできたあなたには、この言葉に、これまでの話のすべてが集約されている理由がおわかりかもしれません。私にとってジークンドーとは〝溝を埋める〟という観念を美しく簡潔に表した名称です。拳はただ打つだけでなく、来たものを途中で封じることもできる。拳は反応する。その場その場の状況に応じて。活力に満ち、空(くう)から導かれ、現実と直接、相関関係を結ぶのです。

このきわめて個人的な実現段階を表すために父がつくり出した最後のイメージは、第二段階(流動性)と同じく陰陽のシンボルが矢印に囲まれ、さらにそのまわりに父の個人的な格言が漢字で書かれたものです。〝無法を以て有法と為し、無限を以て有限と為す〟と。水の本質、すなわち無限に自分の道を探しつづける状態を表す言葉です。

最終段階なら、空っぽの状態、つまり形なき形が究極の目標であってもよさそうなのに、このデザインはなぜこんなに賑やかなのだろうと、不思議に思われるかもしれません。息づく空とは個人の独自な表現が湧き出てくる空っぽ状態でしたね。それを理解することとそれとの協働は大切ですが、自分を通じて空を活性化させる〝秘密の素材〟は、私たち一人ひとりです。一人ひとりがこの人間的領域で唯一無二の活動表現者なのです。

つまり、この第四段階はすべてあなたです。あなたの人生、あなたの心、内なる魂の表現者としてのあなた。これがどういう境地なのか考えてみてください。いったいどんなことを思いつきますか？　私自身、正直まだ完全にわかってはいないと言わざるを得ません。なにしろ遅咲きの人間なので。でも、それが明確になる余白を確保しつつ、〝すでに明確化されているもの〟を維持し、日ごとに着々とスキルを上げながら、それらを内から外へ持ち出す練習をする。それが修行のプロセスです。父は悟りについてこんなことを語っています。

悟りを得たければ、特定部門を養ってから全体に融合させるのではなく、全体性に取り組んでから特定部門に入り込んで融合していく

べきだ。

つまり、一体性や個人の全潜在能力を獲得するには、外から内ではなく内から外へはたらきかける必要があるということです。人生の外面を整えることに大きな時間を費やしてから、喜びと安心と力強さを得るのではありません。逆に、喜びと安心と力強さを得ることに取り組んで、それを人生や、やりたいこと、表明したいことに反映させる。言い換えれば、いつか満ち足りて幸せになるために、意識と活力を仕事にそそぐのではない。満ち足りて幸せであることが優先事項で、それをキャリアや人生に反映させるのです。

そうすることで、巧まずして本当の自分が人生に反映されていく。行動を起こすとき、何をすべきか知るために自分と格闘する必要がなくなる。何が大切で何をしたいかすでにわかっていて、何があろうとそこに努力を傾注しているからです。

では、ブルース・リーは自分にとって大切なことにどう取り組んだのか。

史上最高のアクション映画を！

父のカンフーの生徒に、当時ワーナー・ブラザース・スタジオのトップだったテッド・アシュリーがいました。ワーナーは父を主役にテレビの連続ドラマの企画を立ち上げようとしていた（そのドラマ「燃えよ！　カンフー」は最終的に、白人俳優が中国人を演じる形で製作されました）。ワーナーは、脚本家で父の生徒でもあったスターリング・シリファントと父が共作した『サイレントフルート』という企画にも興味を示し、父とジェイムズ・コバーンのダブル主演を企図していましたが、これは実現に至らなかった。しかし、父がハリウッドを離れて故郷の香港でつくった映画が次々と興行記録を塗り替えていくのを見て、ワーナーにいた父の支援者たちはブルース・リー主演の企画を売り込むための拠り所をようやく手に入れたのです。

父にとって『燃えよドラゴン』は、ハリウッドの長編映画に主演する夢にまで見たチャンスの到来でした。でもハリウッドは父に賭けて失敗する危険を回避するため、ダブル主演であると宣伝した。アメリカの映画ファンは外国人の主演作品には寄りつかないという強い偏見と懸念が当時はあったのです。でも、父は自分にそんな心配をしていませんでした。周囲が不安がろうと、自分に実力と魅力があるのはわかっていましたから。中国のグンフーのすばらしさを西洋に伝え、中国人の真の姿を銀幕上で見せて完全な自己表現をする。その目標に向けて、この機会を最大限活用するつもりでした。

ただ、ひとつ問題がありました。脚本がひどかったのです。あんまりひどいので、父は脚本家を解雇してカリフォルニアに送り返せと言って譲らず〔脚本家は撮影地香港に滞在していた〕、みずから脚本の大部分を書き直しました。もちろんワーナーは父の意見に耳を貸さず、脚本家を香港に残してマイナーチェンジさせ、タイトルも当初は『ブラッド・アンド・スティール〔血と鋼〕』で、その後『ハンの島』〔ハンは悪役の名前〕に変わった。このオリジナル脚本には、いまでは作品の象徴ともなっている場面が抜け落ちていました。〝月を指さす〟シーンもなければ、〝戦わずして戦う武術〟もなく、「私が打つのではない。それがおのずと打ち込むのです」と、達人の境地を僧侶と語り合う哲学的なシーンもなかったのです。

父にとっては、この映画に自分の武術と文化を深く正確に反映させることがなにより重要でした。自分が何者であり、中国のグンフーにどんなことが可能かを世に示す瞬間です。ありきたりの中身で妥協するわけにはいかない。だから脚本を書き直してプロデューサーたちに提出しました。タイトルについてもスタジオ側と何度も議論を重ねます。香港での俳優名は李小龍（レイシウロン）で、この映画は彼を西洋に紹介するものでした。『燃えよドラゴン』〔原題 Enter the Dragon を直訳すれば『ドラゴン登場』〕というタイトルには、『ハンの島』や『ブラッド・アンド・スティール』にはない迫力と特異性があった。父はワーナーに何度も手紙を書いて題名の変更を求めます。〝『Enter the Dragon』というタイトルをじっくり検討してください。心底よいタイトルだと思っています。『Enter the Dragon』は最高品質の出現をほのめかしているからです〟と。もちろん、〝最高品質〟とは自分のことです！

結局スタジオは要求を呑み、タイトルの変更に応じました。父はかつてないくらい鍛錬を積み、可能なかぎりよい作品にしようと脚本に取り組みつづけます。協和電影（コンコルド・プロダクションズ）が香港での製作主体となり、父は〝製作者〟とクレジットこそされませんでしたが、映画全体の武術指導も任されていました。あたえられたチャンスを最大限に活かそうと日夜努力を重ねます。世界にブルース・リーを見せるのだと。

これは当時、父がテッド・アシュリーに宛てた手紙です。

> 質の高さ、勤勉な仕事、プロ意識が映画のすべてである点には同意いただけると思います。私が二十年間打ち込んできた武術と演技の両方が、ショーマンシップと純粋で効率的、芸術的な表現の調和につながりました。つまり、これこそが映画であり、私くらいそれを熟知している者はいない。口はばったいが、それが私です！　表現は悪いが、私は史上最高（ファッキンゲスト）のアクション映画をつくることにこだわっています。最後に、私はあなたに真心を捧げるので、どうか首を横

に振るのだけはご勘弁いただきたい。それと引き換えに、私ブルース・リーは終生あなたの情熱的献身に心から感謝するでしょう。

ようやく迎えた撮影初日、香港のスタッフとアメリカのスタッフは現場にさまざまな通訳を配置して意思疎通を図りながら開始準備を整えていました。ところが、父が来ない。現場入りを拒否したのです。台本の最終決定稿に父の書いたページがなかった。父の行った変更が何ひとつ反映されていなかった。

こんなときは不本意であっても製作側の望むとおりに撮影をし、映画が成功して次の機会を得た段階で、より大きな権限があたえられることを願うべきではないかという意見もあるでしょう。何にせよ最初の一歩を踏み出し、後続の企画で少しずつドアを大きく開けていく方法です。でも、すでに父はハリウッドでこの方法を試していて、それがうまくいかないことを知っていました。毅然とした態度で臨まないと〝抜け目のない〟人々からくり返し軽んじられることになる。

こうして、にらみ合いが始まりました。

撮影スタッフは父の登場しない場面から撮りはじめ、父は自宅にこもって変更が受け入れられるまではと現場入りを拒みました。プロデューサーたちは家に来て説得を試みます。母とも話そうとしました。父が製作側と衝突したとき、母がよく仲介役を果たしていたからです。しかし、父はテコでも動かない。きみたちの手元にはすでに私のつくりたい映画の脚本があるのだ、それを使ってくれたら喜んで現場へ行く――そう言って。

ブルース・リーはハリウッド映画に出て失敗するのが怖くなり、撮影現場に出てこようとしない、と製作側は事実隠蔽のためのつくり話までこしらえました。製作者の一人のフレッド・ワイントローブは、父の死後何年も経って書かれた本で、父が恐怖にかられ身をすくませていたという話をでっち上げていて、母と家族を愕然とさせました。

ブルース・リーはチャンスを恐れてなどいなかった。それどころか、このチャンスの性質と真の可能性を認識していたのは父だけでした。中途半端なことをするくらいなら、なかったことにしたほうがいい。自分を世界に紹介するチャンスは一度きりとわかっていたのです。母は製作者と監督に注意をうながし、「夫はよくわかったうえで物を言っています。彼の話に耳を傾けてください」と言いました。

にらみ合いは二週間続き、やがて主人公兼振付師なしで撮れるシーンがなくなってきた。撮影スタッフは手持ち無沙汰で無為に時間を過ごし、スタジオにとってそれは経費の大きな負担になる。出演者、スタッフの間にも緊張が高まってくる。ワーナーからプロデューサーたちに製作を再開するよう圧力がかかるようになる。こうなると、結果は見えてきます。

ついに彼らは要求を受け入れました。父が行ったとおり脚本を変更し、父の思い描く作品を撮ることに同意したのです。

後年、母に訊いてみました。本当に父は、彼らの要求に従うくらいならチャンスを失ってもかまわないと思っていたのかと。母はきっぱり「もちろんよ！」と言いました。ブルース・リーは毅然とした態度を取り、信念を貫き通した。自分の魂にとって何が大事かわかっていたからこそ、全身全霊で自分を表現し存在感を発揮した。自分の核心に忠実でありつづけることで、ブルース・リーという竜巻の力を最大限発揮し、周囲の風景を永遠に変えたのです。『燃えよドラゴン』は世界的な現象となり、父は武術と文化のアイコンとして確固たる地位を築きました。

夢の途上

興味深いことに、習慣となっていた日々の執筆活動のおかげで、最後の映画を撮りはじめる一、二カ月前に父の頭の中でどんなことが起こっていたかがわかります。

一九七三年の初め、〔香港で〕『死亡遊戯』の撮影に没頭する一方、長年追い求めていたハリウッド映画への出演交渉が完了。『死亡遊戯』の撮影を中断し、東西合作のハリウッド・アクション映画という夢を追うことになりました。この映画こそ、後の『燃えよドラゴン』です。
父はこのとき、つまり、人生でこれ以上ないくらい忙しく期待に満ちた重要な時期に（人生の終わりが近づいていた時期でもありました）、「夢の途上」という原稿に取り組んでいました。未完で終わっていますが、手書きの草稿がいくつか残っていて、それはある種のマニフェストのようでもありました。自分が何者であるかを宣言しています。自分自身と人生についてわかってきた本質的な真理を、文章で表現したくてウズウズしていたのでしょう。

私はいま、コンコルドとワーナー・ブラザースの共同製作による次回作『燃えよドラゴン』と、もうひとつのコンコルド作品『死亡遊戯』の撮影の真っ最中だ。後者はまだ半分しか終わっていない。このところ忙しくて、頭にいろんな感情が詰まっている。

何かしら胸から吐き出す必要があったのでしょう。エネルギーがエネルギーを生んでいた結果かもしれません。状況が盛り上がって忙しくなると、エネルギーが増大して創造的表現が湧きあがり、それを伝えたくなったりするのでしょう。あるいは、父には超常的な感覚があって、時間切れが近づいていることに気がついていたのか。あるいは、彼の生き方としてごく自然な

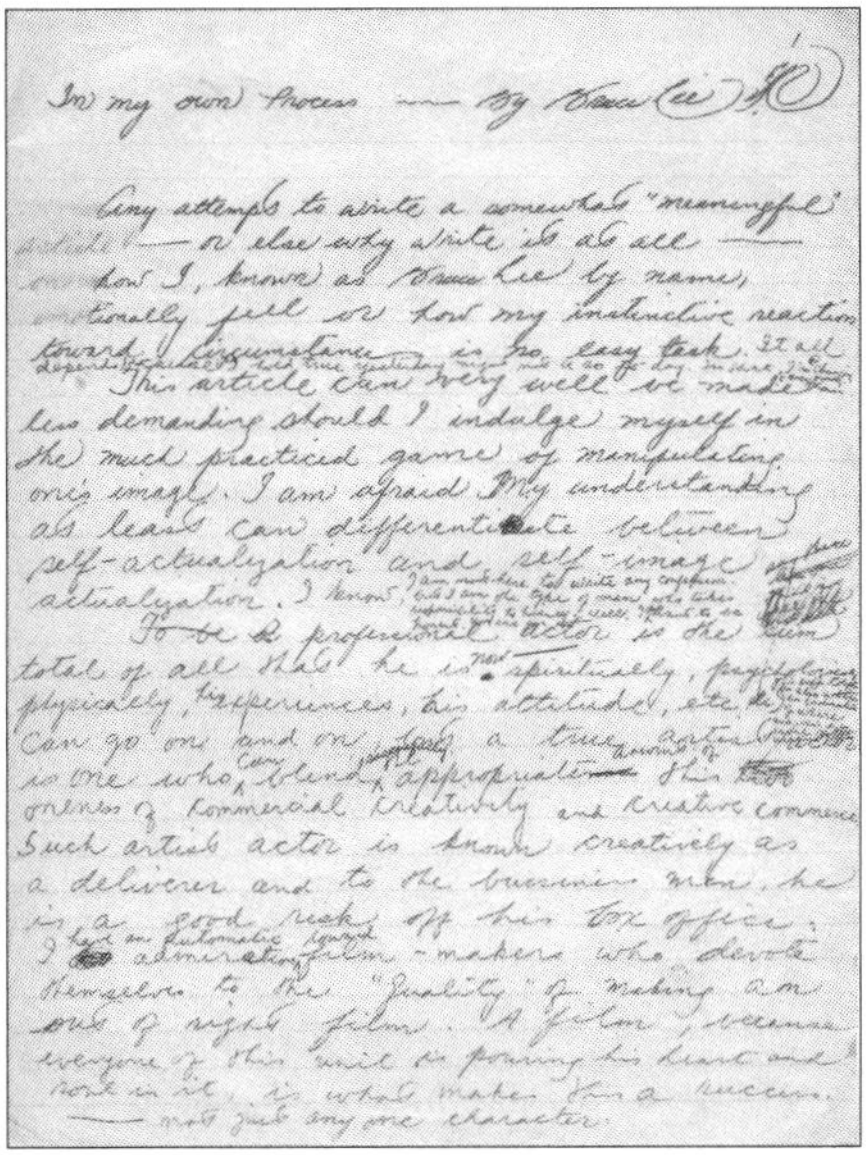

ことだったのか。いずれにせよ、彼は大きな夢を実現しかけていて、自分の中心から自分を表現する必要を感じていた。

これらの草稿で目を引く特徴がもうひとつ。いささか熱を帯び、×印で消したところや言葉を書き直している箇所がたくさんあるのです。おかげで読みづらい。ふだんはきれいだった筆づかいも、大事なことを言わなければならない緊急性の犠牲となっています。

> 大事なのは、ブルース・リーとはどんな男かを、真摯に、かつ正直に開示することだ。いったいブルース・リーとは何者なのか。どこへ向かっているのか。何を発見したいのか。胸の内を打

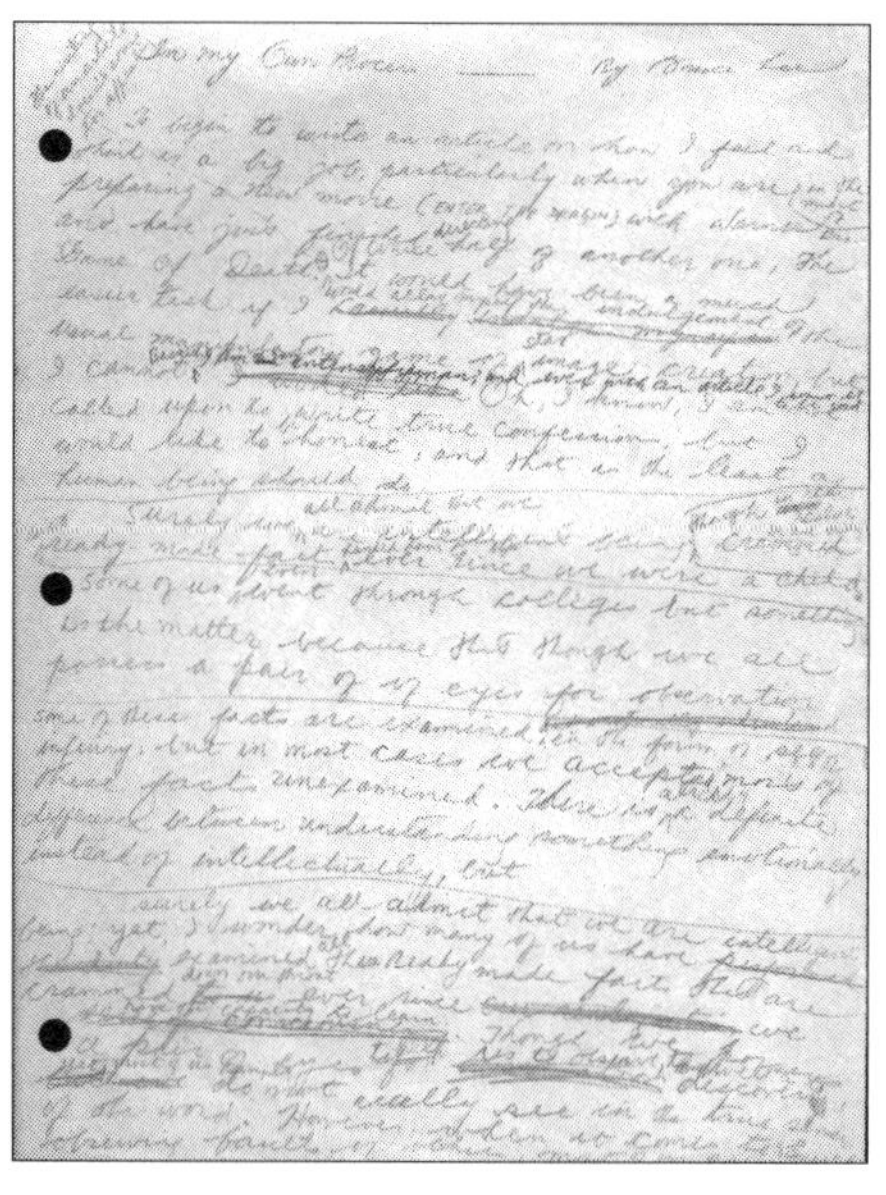
In my Own Process — By Bruce Lee

ち明けてほしいと求められているわけではないのを承知で、ぜひ正直に語りたい。それが人にできる最低限のことなのだ。基本的に、私はみずから求めて武術を修めてきた人間で、職業は俳優だ。しかしなによりも、人生の芸術家（アーティスト）としての自分を実現したいと願っている。

洞察力と欲求に満ちた草稿ですが、私がこれを取り上げたのは、これが人生のきわめて重要な時期に、とてもいいタイミングで、父が自分らしくいるための注意喚起装置の役割を果たしていたからです。父は自分が何者であるか、何を求めているか、自分に忠実であるためには何が大切かを、自分に思い出させようとしていた。〝なによりも、人生の芸術家（アーティスト）としての自分を実現したいと願っている〟と言っています。なによりも。

これこそが私たちの旅がめざす方向です。つまり、自分に可能な最高の表現や、最大の成長と影響力（インパクト）は自分の根っこから生まれるのだと理解すること。第四段階です。根をしっかり下ろしたとき、つまり自分の目的と自分自身を絶対的に信じているとき、私たちは自由です。自由に選択ができる。自由に創造できる。どんな環境や状況にあっても自由に生きることができる。簡単ではなくても、困難に取り組むことをみずから選択したとき、自由への道が開けるのです。

『燃えよドラゴン』が映画製作の偉業だったのは、出来がすばらしかったからではありません。筋書きにこれといった特徴はなく、予測も可能で、一九七〇年代の俗悪さが全開です（俗悪はすばらしいことだけれど）。『燃えよドラゴン』がいまも偶像視されているのは、作品中でブルース・リーがブルース・リーになりきり、世界を巡ることができる映画というメディアで自分の展望を実現したからです。ほんの何カ月か前に書いた「夢の途上」の草稿で、父はこう言っています。「私が幸せなのは日々本当に成長しているからで、自分の限界がどこにあるかわからない。たしかに、毎日のように新しい啓示や新しい発見があるかもしれない。しかし、いちばん嬉しいのは他の人から『見ろ、ここに本物がいる』と言われることなのだ」

『燃えよドラゴン』を見るとよくわかります。自己実現を果たし、自己表現を果たし、自信にあふれた光の化身のような人物がスクリーンから輝きを放ってあなたの想像力の中へ飛び込んでくる。人はどんな存在になれるのか。そんな可能性がとつぜん現実となって人を魅了する。カンフー映画はともかく、ブルース・リーを見るのはこの世に現れた龍が空を飛ぶところを見るようなものなのです。

どうすれば自分になれるのか

逆説めいた話かもしれませんが、自由奔放に自分を表現しながら空を飛ぶには、しっかり根を張って地に足をつける必要がある。父の言葉を思い出してください。「根は魂の表現を支える柱であり、自然な表現の〝出発点〟でもある。根っこがおろそかになっているのに、そこから湧き出るものが秩序だったものになるわけがない」

自分を知り、練習し、スキルを磨くのは自分の可能性を理解し実現するためで、目的を胸に自分の姿勢を貫くか、自然な展開に意思をゆだねそのまま先へ進むか、その両方を知るためです。あなたが何者であるかを問う根っこが、あなたの発展には不可欠になる。あなたがいなければ、あなたという流れに方向性は生まれない。これを手に入れるには練習が必要になる――

そして、そこで手に入るのは「あなた自身」に他なりません。
父はこう言いました。「まわりを見まわすたびに学ぶことがある。それはいつも〝自分自身であること〟〝自分を表現すること〟〝自分を信じること〟だ。成功した人を探してそれを真似るのではない。あなたという存在の根源、つまり〝どうすれば私は私になれるのか？〟から始めることだ」自分の中心に到達すること、自分自身に根を張ることが、人間が到達できる最高の状態だと父は考えていました。

私たちは動かない永遠の一点を中心にした渦だが、渦巻きや竜巻のように速度を増していく動きに見える（その震源地は静止して揺るぎがない）。核は現実の中にあり、渦は多次元の力場という現象である。しっかりつかむべきは核のほうだ！

一九七三年、父が自分という存在の完全性を守るためすべてを懸けて立ち上がったのは、この気持ちからでした。
完全な自分自身であることが自由である――精神や感情や魂を誰かに支配されるのではなく、自分自身のために行動できることこそが。失うものが多すぎるのではと心配なら、これは自分でないものをすべて明け渡し、自分であるものをすべて手に入れるための試みだと考えてください。私の言っていることが真実かどうかを確かめるには、自分自身で試してみるしかありません。

流れの中の月

力強く自分をいかんなく発揮し、自由であることについては何度もお話ししてきましたが、水の旅について考える利点をもうひとつ挙げてみましょう。〝個々の輝かしい展開をもっとも深いところで支える根は、深い安らぎ〟であるという考えを論証したいと思います。第五章で取り上げた「揺るぎない主要目標」で、父は俳優や武術家としての成功を目標に掲げました。その最後で、その達成目標を〝心の調和と幸福〟としています。真の力の奥底にはこの心の安らぎがある。

思い出してください。あらゆるものが湧き出てくる空（くう）には何も宿っていないことを。それは無であり、空間である。静けさである。ハリケーンでいちばん静かな場所はどこですか？　その中心です。「本当の静けさは、動きの中の静けさである」と父は言いました。己を知り自分を受け入れたときに、自分についてある種の平安を達成したことになる、私はそう解釈しています。心に何の不安もない。地に足がついている。心の安らぎはそんな安心感にあり、それがあるからこそ私たちの本物の力は生まれる。私たちはこの絶対性を秘めた場所、広大な静けさと無限の空間から行動することで、人生の未知なるものに遭遇することができるのです。

考えてみてください。落ち着いて悠然と困難に立ち向かうには、どれだけのことが必要になるでしょう。カッとなったり、暴れたり、イライラしたり、喧嘩腰になったりするのは簡単です。しかし、相手に向き合い、あるいは自分自身に向き合って、何が起きても大丈夫だと思えるためには、ある種の静かな知性が必要です。これは揺るぎない安らぎであり、深い静けさであり、力強い知性でもあります。

私は自分のみぞおちの中心で、小さいながらも明るく輝く渦状銀河が暗い宇宙空間に囲まれているところを思い浮かべるのが好きです。そうすることで、空が自分の一部であり、自分が無限とつながっていることを思い出すことができるのです。限界を感じたとき、過剰な反応を起こしたときは、自分の意志の中心にある広大な空間へ戻って、こう言い聞かせます。外の状況はどうあれ、私は心の内に閉じ込められてはいない。本当の自分は無限なのだと。

父はこの状態を〝流れの中の月〟と呼んでいました。小さな川の水面に映った満月が輝いているところを思い浮かべてください。川の水がたえず動いていて、流れで水面が激しく動いても、月はおだやかなままです。

水はたえず動いているが、月は静けさを保っている。心は一万通りの状況に合わせて動くが、つねに同じである。

涅槃(ニルヴァーナ)の秘密

父は観音菩薩が大好きでした。わが家にも複数の観音像がありました。庭には石造りの大きな頭部が置かれ、等身大の木彫りの観音さまが半伽趺座の形で座っていた。

私は香港にいた幼いころ、観音さまの膝の上によく座っていました。幼い私にぴったりの大きさだったのです。慈愛と慈悲の女神は私にとって避難所のような存在でした。彼女はいまも私の心の中に特別な場所を占めています。東洋の宗教において彼女は複数の文化に渡り浸透していて、インド、中国、日本、韓国、東南アジア、おそらくそれ以外の多くの地域でも崇められています。西洋の聖母マリアと重ね合わされることも多い。

父はよく〝柔らかな心〟や〝流れの中の月〟の例に観音さまを挙げていました。川の水といっしょに自由に動きながら、それでいて静けさと一体性を保っている状態です。父は次のように観音さまを表現しています。

慈悲の女神である観音菩薩はときに千本の腕を持つ姿で描かれ、それぞれの手中には異なる持物（じもつ）がある。彼女の心が、たとえば槍を使うことだけに占められてしまったら、残りの九百九十九本の腕は役に立たなくなる。一本の腕を使うことで心が止まらず、ひとつの持物から別の持物へ自在に移る心があるからこそ、すべての腕を最大効率で使うことができる。究極の真理が実現するときは、ひとつの身体に千本の腕があってもそれぞれが何らかの役に立っていることを、この御姿は表している。

つまり、これまで論じてきた〝揺るぎない自由〟とは、私たちが持つべき心の性質であり、それは無限の機動性を備えた心だということです。何を考えることもできるし、何を夢想し、何を信じ、何を想像し、何を見て、何を刺激し、何を心に焼きつけることもできる。流動的な心とは、千本の腕を動かすことができ、どの腕にも邪魔されない心です。私たちはすべてを受け入れながら注意を止めない練習をします。心は知覚されたひとつの対象にとどまらず、すべてを知覚するのです。

動いていながら動いていない。ピンと張り詰めながらゆったりしている。起きていることすべてを見ながら、それがどうなるか何も心配していない。意図的につくられたものが何もなく、意識的に計算したことが何もなく、予想も期待もしていない。つまり、赤ちゃんのように無邪気でいながら、成熟した心、鋭い知性のような狡猾さも持ち合わせているのだ。

人を惑わす心（誤った方向へ向かう心）は知性と効率という重荷を背負った心（利口すぎて自分のためにならない心）だと、父は言っています。そのせいで自分を振り返らずにはある瞬間から次の瞬間へと進むことができず、これが本来の流動性を妨げ、創造性、真の表現、自由を妨げてしまう。車軸にしっかり固定しなければ車輪は回りません。心が縛られていると焦点が狭くなり、あるいは執着し、一挙手一投足に束縛を感じ、自発的に、つまり天真爛漫に物事を成し遂げることはできないのです。

〝天真爛漫〟というと、服を着たままプールに飛び込むような分別のなさや、思いつきですべてを中断してカンクン〔メキシコのビーチリゾート〕へ飛ぶような無責任ぶりを思い浮かべるかもしれません。でも、父は〝天真爛漫さ〟を神聖視していました。彼にとってそれは、〝着想〟に〝本能〟と〝思いついたら即実行に移す自信〟が混じった状態だからです。稲妻のように、あるいは相手に動く暇（いとま）をあたえないパンチのように、天真爛漫さは父の先導役を果たす現実の魔法でした。

『燃えよドラゴン』の武術トーナメントで主人公リーが悪役の一人オハラと対決するシーンを、私は思い出します。二人は手の甲を触れ合わせて試合開始に備える。オハラは何が起こったかわからぬうちにリーに打たれ、地面に膝をつく。一瞬の出来事です。もっとも効果的に発令された直観による自発的動作は、まさしく電光石火で、フィルムに収めることすら困難でした。

意識的に無意識になること、あるいは無意識に意識することが涅槃(ニルヴァーナ)の秘訣である。その瞬時の動きにはいかなる知性も入り込む余地を見いだせない。

なぜこれが涅槃の秘訣なのか。それは、私たちのエネルギーの大半を消費する疑いや後悔、心配、分析、批判、困窮、欺瞞、完璧主義などがそこには存在しないから。命が息づく無の空間ではすべてが即時的で、それは嘘偽りのない自分から生まれてきます。己を知る鍛錬をすると安心感と自信が生まれてくる。真の自分になりながら、修養の第四段階に達したときにはすばらしい気分になるでしょう。あるいは涅槃に達した心地さえ。

歯痛や偏頭痛、何週間も続くひどい咳などの苦痛に見舞われたときを思い浮かべてください。その痛みが消えて全身から力が抜けたときはどうでしたか？　肩の力が抜け、息がしやすくなり、あごや腸のつかえが取れるでしょう。頭がすっきりし、集中できる。真の自分で生きるのも同じ感覚です。リラックスしながらも力がみなぎっている。心おだやかでありながら熱意にあふれている。何が起きてもその一瞬一瞬を迎える（あるいは迎え撃つ）準備ができている。涅槃のようではありませんか。

無限の持つ精神的な力を認識して活用すること。無形は宇宙の真の力を表している。それは有形のものの種子。すべての形はそこから生まれるから、そこは息づく空（くう）であり、空（くう）を実現する者は命と力、生きとし生けるものへの愛で満たされている。

本質的な自分自身とは

父はパール・チョーに宛てた一九六二年の手紙で、自分の内側に大きな力が感じられると言っています。この考えを持ちつづけてください。なぜなら、この力、この創造的な潮の流れはあなたの内側にも存在し、それを使うのはあなた自身だからです。

ちょっとこの力を感じてみてください。目を閉じて（閉じなくてもいい）、座って、呼吸し、集中するのではなく意識的にゆるめてみる。全身に知覚を広げてみてください。何が感じられますか？　溌溂としたエネルギーが全身に満ちているのを感じられますか？　自分が拡大していくのが感じられますか？　細胞を活性化する生命力が感じられますか？　あなたに使ってもらおうと、この本質（エッセンス）が放射状に広がっているのを感じられますか？

これがあなたの本質です。あなたの手の中にありながらまだ使っていないパワーです。この本質を刺激して解き放つのが、私たちのめざすところです。

> 自分の内側にある偉大な精神力を自覚し、その力を使いはじめたとき、未来における人間の進化は比類のないものになるだろう。自分の可能性を高めるとは一秒一秒を新鮮な状態で生きることだ。自分の内側にある生命力を信じて。

「夢の途上」の草稿で父は何と言っていたか。父はなにより〝人生の芸術家（アーティスト）〟になりたかったのです。芸術家とは創造する人です。原材料を選び、環境を活用し、内なる魂から湧き出てくるものを形にする。人生のアーティストは刻一刻と自分の人生を、自分自身をつくり出していく。力強く自由に選択しながら創造していくことができる。

ジークンドーの確立にあたり父が採用したレシピは、自分自身の経験を掘り下げ、無用のものを排除し、有用なものを取り入れ、そこに〝本質的にあなた独自のもの〟を付け足すというものでした。

生きるとは創造の中で自由に自分を表現することだ。ブルース・リーが提示できるのはせいぜいよさそうな方向性くらいで、それ以上のものではない。あなたはあなたで自由に選び取り、本能の可能性を自由に表現すればいい。私は人生の芸術家になるため日々自分を実現している。自分の可能性を実現し、本当の自分でいられること以外に、人生に何を求められるだろうか。

第十章　友よ

私が自分のことをどう考えたいか、　わかりますか？
私は自分を一人の人間と考えたい。
空の下、天の下に家族はひとつしかないのだから。

ブルース・リーを偲ぶ

父は一九七三年七月二十日、脳浮腫で亡くなりました。検視報告書では、頭痛を和らげるために投与された鎮痛剤にアレルギー反応を起こした結果とされています。死因については空想的なもの（忍者に殺されたとか、経脈を遮断する点穴の秘技にやられたとか、ギャングのボスの手にかかったとか）から、医学的なもの（アレルギー、特殊な癲癇、熱中症）まで、さまざまな説が唱えられています。彼が死んだ理由を正確に知ることはできません。その点は受け入れることができる。でも、彼の人生ではなく死に焦点を当てることは、月ではなく指に目を向けるのと同じで、私にとっては意味のあることではありません。

父が亡くなったとき、香港で盛大な葬儀が行われました。でも、香港には埋葬されなかった。母が父との出会いの地シアトルへ連れ帰り、そこに埋葬することに決めたのです。ブルース・リーのふるさと香港の人たちにとっては物議を醸す決断でしたが、母にとっては子どもたちの近くに父親を安置すること、夫が大きな安らぎを感じ、飾らない自分でいられ、創造的なひらめきを得た場所へ彼を帰すことが大事だったのです。

父は常々、香港の仕事は一時的なものだと話していました。いずれカリフォルニアを暮らし

と仕事の拠点にするつもりでしたが、引退したら思い入れのあるシアトルの街へ母と移って老後を過ごしたいと考えていたそうです。だから父が亡くなったとき、母はシアトルへ連れ帰り、安らかに眠らせたのです。

父が初めて人生の構想を練り、母との恋が芽生えた街シアトル。そのワシントン湖を見晴らすレイクヴュー共同墓地で、親しい友人や家族だけを集めて葬儀が執り行われました。これまで私が見てきた中でも類いまれな絵のように美しい墓地で、父はいまもそこに眠っています。

墓石をどうするかは悩ましい問題で、いろんな案が出され、議論になりました。石の表面に故人の写真とその生涯と死に関する簡潔な情報を記し、下の水平面には石造りの開いた本とそれを支える石の台を据えることになりました。本の片方のページには父の中核的シンボルである陰と陽の太極図が刻まれ、それを矢印と〝以無法為有法　以無限為有限〟の文字が囲んでいます。反対側のページには〝あなたのインスピレーションは私たちを個人的解放へと導きつづけます〟という一文を記しました。

一九七三年当時、ブルース・リーと近しい人たちは彼が驚異的な思想家であり、また実行家であることをよく知っていて、彼の言葉や行動には人生に取り入れるべき手本がたくさんあることを理解していました。ブルース・リーの純粋で溌溂とした姿を崇敬していたのです。彼と過ごし、彼から学び、そばにいるだけで多くのことを吸収することができた。伝わってくるエネルギーと高潔さのなかに、数々の発見と感動があった。

私は最近、父の生涯にぴったりの言葉に出合いました。〝真の習熟は奉仕〟というものです。私はこんなふうに解釈しています。円熟したスキルが発するエネルギーはそれ自体が奉仕活動なのだと。なぜなら、その熱は人々の気持ちを高め、人生で成しうることに私たちを挑戦させてくれるからです。あなたが自分の光を輝かせるとき、すべての人の光がさらに明るさを増す、そういうことです。

父は出会った人に刺激やひらめきをあたえました。創造性と表現力をいかんなく発揮し、真の意味で力強い、制約から解き放たれた人物の見本ともいうべき人でした。私たちはとかく自分で自分を縛ってしまいがちですが、彼には何の束縛もなかった。まわりの人は彼からそれを感じ取ったり、聞き取ったり、嗅ぎ取ったりできた。父が完璧だったとは言いません（あなたや私と同じ人間だったのは確かです）。最後のときまで、彼は私たちの大半が遠くから見て嘆息するしかない状態へ、自分自身を導いていく過程にあったのです。

あなたには友がいる

私に截拳道（ジークンドー）を手ほどきしてくれた先生で父の親友でもあったテッド・ウォン（黄錦銘）に、あるとき訊いてみました。父のことで知られていないことがあったら教えてほしい、と。すると彼は、「みんなは知らないかもしれないが、彼はとても面倒見がよく、気前がよかった」と答えました。「彼は私の身なりを整えて、恋人ができるようにしてくれたんだ」とも。父に連れられて服を買いにいき、髪を切ってもらい、ウェイトトレーニング用のセットを買い、自分に合った鍛錬法を教わり、最高の状態でデートに臨むことができた。テッドはすぐに最愛の人と出会い、結婚したそうです。

父の友人でオークランド校の師範代を務めたジェイムズ・イム・リー（嚴鏡海）ががんと闘っていたとき、父は彼の書籍プロジェクトを引き継いで完成させ、出版にこぎ着けました。本の売り上げから入るお金でジェイムズは治療費を賄うことができたそうです。

父がシアトルで初めてターキー・キムラに会ったとき、ターキーは父より十六歳も年上なのに、とてもシャイで内向的でした。第二次世界大戦中アメリカの日本人収容所に収監されていたこともあってか、自尊心が低く、うつ病を患っていた。父はそんな彼と親交を結び、彼が殻を破るのにひと肌脱ぎました。二人は親友になり、ターキーは父の振藩國術館一号校の師範代となり、父と母の結婚式では新郎介添人を務めました。父が生涯を通じてターキーに宛てた励ましや助言の手紙がたくさん残っています。現在に至るまでターキーとその生徒たちはシアトルの墓の世話をし、九十六歳になったターキーはいまでも父の友情と支援を思い出しては目に涙を浮かべます。

父の優しさの事例をいくつかご紹介しましたが、もちろん、父のほうも多くの人から親切にしてもらい、支えてもらいました。なかでもいちばんは母です。私がこういう話を持ち出すのはなにも特別な例だからではなく、それが父のもう一面だったから。それは〝友よ〟という言葉によく表れています。友人だけでなく、この世界にいるすべての兄弟姉妹に向けてよく使っていました。

武術家だから荒々しく攻撃的な表現をすることが多かったのではと思われがちですが（もちろん、そういう面もありました）、父がどんな人でも受け入れたのは武術家としての経験があってのことでしょう。人間は基本的に、相異点より共通点のほうが多いと父は理解していました。伝統流派とたもとを分かち、流動的に、いまという瞬間に集中し、素直に自分を表現することを自分の進む道として追求したのは、流派は人を分断すると感じていたからです。父はよく、「中国式の戦い方も日本式の戦い方もない。三本の腕と六本の足を持って生まれてこないかぎり、二本の手と二本の足で戦うしかないのだから」と言っていました。

もちろん、特定の文化や名人たちから発展した技術や芸術があることを、私は理解していま す。父も理解していました。マニア的な視点からそこに大きな関心もそそいでいた。とくに若いころは、他の達人や武術について熱心に学ぼうとしました。彼らが戦いへの取り組み方をどう編み出したのかに魅了されていたのです。でも、彼が〝中国式の戦い方も日本式の戦い方もない〟と言うのは、（たまたま中国や日本にあった）これらの文化やそこに生きた名人たちは、その時代やそのときどきの状況でいちばん効果的、いちばんいいと感じた方法を編み出したのであり、本来、私たちもそうあるべきだからです。凝り固まった文化や他の人の考えに縛られるべきではない。さらにいえば、他の人の考えに脅かされたり、それを軽蔑したりすべきではない。むしろ、自分の考えといっしょに彼ら独自のユニークな表現として受け入れるべきなのです。

武術はあなたの趣味ではないかもしれない。特別熱心な人でないかぎり、誰も格闘をそこまで深くは追求しません。武術を習う人の大半はひとつの流派（スタイル）から始めて、それが好きになったから、いい運動になるから、克己心や力や自信がつくからといった理由でそのまま続けます。自分独自の戦い方を編み出そうとまでは思いません。せいぜい、足の上げ方を少し変えたほうが技をうまく、効果的に使えることに気がつく程度でしょう。でも私が指摘したいのは、あなたがどんな分野でどんな仕事をし、どんな職業上の道に取り組んでいるにせよ、この〝水になる〟というアプローチをただ一元的に使うだけで満足してはいけないということです。仕事や家、レジャー、家族、友情、恋愛、事業など私たちの日常生活すべてに、この発想と練習は応用することができます。大事なのは、私たち誰もが日々人間的なプロセスに携わっているのを忘れないことです。

　私たち一人ひとりが独自の声を持ち、独自の性質を活用して創造と表現を行う存在なのです。そして、私たちはみなひとつの家族です。ひとつの。章の冒頭に引用した言葉は、一九七一年に父が受けたインタビューからの抜粋です。カナダのトーク番組の司会者ピエール・バートンから、自分を中国人と思っているか北米人と思っているかと問われた父は、自分は人間と考えたい、と答えました。

　なので、この文脈からも私たちの水の旅の最後の言葉〝友よ（マイ・フレンド）〟は、単なる呼びかけではなく、思いやりや温かさ、励まし、団結を示すかけがえのない言葉なのです。父は〝友よ〟という言葉をよく使いました。勇敢に進め、友よ。歩け、友よ。水になれ、友よ。

〝友よ〟は人の肩に回す腕です。彼があなたに共通のきずなを感じているという意味です。あなたとつながっていたいのです。私たちは全体性について何度も話してきました。すべてを見ること、すべてを受け入れること、決めつけをしないこと、現実を分割しないこと、積極的で能動的な関係を築くこと、自然と調和すること、障害物に逆らわず障害物とともに進むこと、変化に合わせて変化すること、競わず協力すること、すべての選択肢が開かれどんな可能性もあるまっさらな場所から創造すること。さて、私たちと同じ人間である他の人たちも、ともに全体を構成している存在です。だから、自分を表現するために学んでいるのと同じ理解や配慮、受け入れ、思いやりの姿勢で彼らにも接したい。

不可分の全体を統合するという老荘思想（タオイズム）の理念は、幼いころから父に染みついていました。子どものころは自覚していなくても、大人になるにつれ目覚めてきて、こうした考え方を重んじ表現するようになりました。人種や文化にからむ経験が分け隔てなく人と接するきっかけだったのかもしれません。いずれにせよ階級や文化、指向、人種で人に興味を持つことはありませんでした。それらは些末なことで、全人類に共通する人間性の飾りにすぎない。父にとっていちばん大事なのは、あなたが自分の人間性をどう表現しているかです。人生を楽しんでいるか。自分の人生と自分自身を大切にしているか。人に親切か。自分を磨こうとしているか。言葉と行動が一致しているか。父にとって大事なのはそういう要素であって、肌の色ではなかったのです。

「すべての人が隣の人を助ければ、助けてもらえない人はいなくなる。私は人を拒絶する人間ではない。少しでも誰かを喜ばせることができるなら、ぜひそうしたい」と父は言いました。

〝思いやり〟〝共感〟〝無条件の愛〟といった言葉をよく耳にします。これらは崇高な善意の言葉ですが、もっと簡潔に、たとえば〝友〟といった誰もが知る一般的な言葉から始めたら、いずれ、そういう崇高な性質にもっと簡単に到達できるのではないでしょうか。

意図を設定して、〝友〟〝隣人〟〝知り合い〟といった言葉のエネルギーを取り込み浸透させることで、世の中への取り組み方が大きく変わるかもしれません。もちろん、〝友〟や〝隣人〟という意識を身近な相手だけでなく〝すべての人〟に実践しなければならないという大きな課題もあるでしょう。でも、私たちは自分を鍛えて自分の可能性を最大限引き出すためにここにいるのですから、広い意味での受容と思いやり、友情を自分のものとするようにトレーニングしていきましょう。

人との接し方を言葉にするのは簡単です。つまり、あなたは基本的に善良で親切な人かもしれない。でも、ある隣人のことは我慢できず、会うたびに冷たくしているかもしれない。あるいは、騒がしい子たちを苦々しく思い、事あるごとにその親を邪険にしているかもしれない。ホームレスの人たちを見下したり、同僚の陰口を叩いたり、目の前でのろのろ動いているお年寄りにイライラしたり、猫を飼っている人を嫌っているかもしれない。つまり、ある人たちを見下すのを厭わないなら、いつかどこかの時点で、大切にしている人たちを見下すことも厭わなくなるかもしれない。のちには、人を単に〝人〟として見るのではなく、〝よい人〟と〝悪い人〟に分類することを厭わなくなるでしょう。

どんな人にも寛容な心で接し、人の悪行も許さなくてはいけないと言っているわけではありません。ときには恐怖や憎しみを煽る人たちに毅然と立ち向かう必要もあるでしょう。ただ、そんなときも、命や人間性に対する敬意を持って行動することが大事です。憎しみで憎しみと闘えば、この世の憎しみが倍増するだけです。

周囲の人たち、毎日接する人たちを愛するのが変化をもたらす最善の方法だと考えてみてはどうでしょう。日ごろから〝疑わしきは罰せず〟の姿勢で臨み、思いやりを持って人と接し、ありのままの彼らを受け入れ、思う存分生きて人を生かし、強くて堂々とした優しさとは何かを示す光となり、手本となるのです。あなたは調和の取れた人間になることを夢見ながら人と意思の疎通をはかり、人を愛し、人を引き込むことができるし、またそうすべきです。でも結局、人は自分以外の人を制御することはできません。だったら、いかに行動し、いかに対応し、人間性への敬意をどう示せばいいのでしょうか？

真の戦士

一九七一年、父が香港でカナダのトーク番組の司会者ピエール・バートンからインタビューを受けたとき、ハリウッドの偏見について訊かれています。偏見は存在するのか。偏見に基づく差別に遭ったことはあるか。それに対し父は、残念ながらそういうものは存在するし、実際そういう目に遭って、自分が主演するはずだったドラマはどうやら没になりそうですと答えました。ただそのあと、父は非常に興味深いことを口にします。

人生の不公平さやハリウッドのスタジオの人種差別的構造に憤慨したり、自分の才能を認めてもらえない状況を延々と語るのではなく、「理解できる」と言ったのです。「彼らを責めるつもりはありません。香港でも同じですよ。外国人がやってきてスターになろうとしたとして、自分が製作費を出す側の人間だったら、その人が現地で受け入れられるか心配するでしょう」父はさらに続けます。それは理解できても、それで自分の軌道を変えることはできない、と。「私はすでに心に決めています。アメリカで東洋人、つまり真の東洋人はどんなものか示すべきだと」（七〇年代にはまだ〝東洋人〟という言葉が使われていたのです）。実際、アメリカの連続ドラマの主役をつかめなかったおかげで、父は四本半のすばらしい映画をつくり、その作品が世界を巡って、世界じゅうの人たちに何世代にもわたって影響をあたえることになりました。当時のテレビ番組ではとうてい実現できなかったことです。そのドラマの仕事が手に入らなかったおかげで、彼はもっと力強い異なる道を歩むことになりました。それは、そこで彼がひねくれなかったからです。落ち着き払って自分を表現しつづけ、夢を捨てなかった。そして、行動を起こした！

父はスタジオの重役たちが気づいていない秘密を知っていました。彼、ブルース・リーは侮るべき存在ではないこと、恐れに基づく考え方が重役たちの目をくらませていることを。彼らにとってはお金や批判への恐れや自分の考えるアメリカ人の限界が優先事項であり、個々の人間を理解することや評価することは二の次でした。でも、それは彼らの欠点であって父の欠点ではありません。だから父は自分の夢を追求し、魂を表現し、精いっぱい人生を生きるという自分の仕事をした。

人種差別や偏見は、世代から世代へ受け継がれていくいわば伝統です。自分は人種差別的な考えを伝えていないつもりでも、恐怖や悪い習慣や欠点を抱えたまま生きていることで、実際には、何世代にもわたって続いてきた狭量な構造を支えているのです。過去は変えられない。しかし、もし自分自身とみんなのために物事をいいほうへ変えたいと考えて心を開くなら、世の中の見方に何らかの指針をもたらすことで、そういう悪しきパターンや悪しき伝統を乗り越えることも可能ではないでしょうか。

自分の欠点や短所を理解し認めることができたら、自分を変え、自分と周囲の人生を変えることも夢ではなく実現できるようになるでしょう。自分を知ることと自分を根っこで支えてくれる不動の中心をつくり出すことが、たがいを思いやることにつながります。

「人間、つまり生き物であり創造する個人としての人間はつねに、既存のスタイルやシステムより重要である」と父は言いました。ちょっと立ち止まって、この言葉を考えてみてください。あなたはそんなふうに生きているか。周囲にいる一人ひとりを人生の中でいちばん大事な価値ある部分と捉えているか。それとも、どこの誰かわからず顔が見えない人の集まり全体のことを考えるべきだと言う文化団体のほうに関心があるか。もしあなたがとつぜん、まわりの人たちの人生に心から関心を持ち、決めつけや思い込みの障壁を取り払ったら、あなたの人生にはどんなことが起こるでしょう。他の人の経験に関心を寄せたら、あるいは、何があっていまのその人になったのかを理解しようとしたら？　その人の肩に比喩的に、もしくは文字どおり腕を回して、その人を友達と思ったとしたら？

特定の集団に反感を抱くような人は、個人的につながった人や知り合って好きになった人がひとたび自分と異なるグループに属すると知ったとたん、つまりゲイや黒人、貧困者、移民、イスラム教徒などとわかったとたん、態度を急変させます。これに対し、一人ひとりに心を配り注意を払った経験は、愛の障壁を溶かしてくれる。それまでは恐怖や不安しかなかったところに、とつぜん愛が胸を開いて立ち現れるのです。

　伝統や制度には利点もあるかもしれない。しかし、それにもおのずと限界があるし、これからもそれは変わらないでしょう。規則や伝統を持つ組織や信仰体系といったものは、そこからはみ出してしまう人をかならず生み出します。誰かが境界の外に押し出され、〝その他〟にされてしまう。

　父は十代で葉問（イップ・マン）の詠春拳教室に入門しましたが、追い出されてしまいました。素行が理由ではなく、純粋な中国人ではなかったからです。父の母はヨーロッパ人との混血で、父は四分の三しか中国人の血が流れていなかった。当時の伝統では父は完全な中国人とみなされず、よって中国のグンフーを学ぶことは認められない。そこから騒動が起こります。葉問（イップ・マン）は父を追い出したくなかった。父はもっとも優秀な生徒の一人でしたから。でも、父を残すなら自分たちがやめると他の生徒らが言い、父を追い出さないと平和を保つことができなかった。武術学校は葉問（イップ・マン）の生計を支える方途だったこともあり、彼は伝統に従いました。

　それでも次善の策として父を個人教授の形で教え、最古参の弟子の一人黄淳樑（ウォンシュンリャン）にも父へ稽古をつけさせてくれました。でも、教室でおおっぴらに教えるわけにはいかなかった。この経験があったからか父は後年、真剣に学びたいなら人種や性別、経歴に関係なく誰でも学校に受け入れるという方針を取りました。第二次世界大戦中、日本占領下の香港で育ったことも一因かもしれません。あるいは、道教の老荘思想（タオイズム）に傾倒していたからかもしれない。いずれにせよ〝人間第一〟の方針は、人間性を測る尺度として真に必要なものだと私は思います。

母はいつも父のことを「人をまっすぐ見る人」だったと言っていました。つまり、飾りつけた外見ではなく相手の目を見ていたということです。父の生い立ちを考えれば、この姿勢を生んだ要因はいくつも想像がつきます。まず、アメリカ生まれの香港育ち。母親からヨーロッパ人の血を受け継いでいた。多感な時期を送った香港はイギリスに統治されていた。幼いころから映画の子役をしていたので、たくさんの大人や芸術家肌の心の広い人たちと過ごしていた。生涯を通じてしばしば人種差別や偏見を経験した。ハリウッドでは中国人すぎ、香港では西洋人すぎると言われた。家族以外に同族と呼べる人たちが身近にいないことが多かったので、人を排除するか受け入れるかを意識的に選択する必要があった。そして多くの人を受け入れたおかげで、さまざまな考えや経験、友情や可能性と出合うチャンスを手にした。それが父の世界をより大きく、より興味深いものにしたのです。

多くの人はいまも伝統に縛られている。年長者が「否」と言えば、いっしょになって強く反対する。年長者が間違っていると言えば間違っていると信じる。自分の頭で考えて真実を見極めることも、心の底から本心を表現することもめったにない。人種差別などに対する意見は伝統的なもので、年長者の経験が定めた〝慣習的な考え方〟にすぎない。これは純然たる事実だ。私たち自身の進歩と時代の変化に合わせて、この古いあり方は刷新する必要がある。私、ブルース・リーは、こうした恐怖を煽る人々の考え方には絶対に従わない。だから、あなたの肌の色が黒でも白でも、赤でも青でも、あなたと友達になることに何の支障もない。「太陽の下では誰もが同じ家族の一員である」と言えば、理想主義と思われるかもしれない。しかし、人種の差異といったことをいまだに妄信している人がいるとしたら、あまりに心が狭すぎる。その人はまだ愛を知らないのかもしれない。

生徒の準備ができたとき、先生は登場する

陰陽の原理を覚えていますか？　いわゆる〝正反対のもの同士〟は、じつはつながり合って全体を表しているという話をしてきました。答えは問題と不可分であり、答えは問題にあるという言葉を覚えていますか？　ここでもうひとつ視点が変化する例をご紹介しますから、考えてみてください。

〝失敗を友とする〟話をこれまでしてきました。障害物がチャンスや解決策になるまで障害物と近づきになる。積極性や熱意、意志の力といった心構えや、ツールを育む話もしてきました。今回は、失敗を〝先生〟にする話をしましょう。苦しみは何を教えてくれるのか。魂の痛みに寄り添い、狭量な見解や考えや生き方に寄り添ううち、苦しみが苦しみから解放される方法を教えてくれます。苦しみがよき教師なのは、苦しんでいるときは何とかしてそれを止めたいから、止めようという意欲が起きる。苦しみを解消し手放してしまいたいときは、自分を苦しめている状況や人を苦しめている状況をすべて観察し、天秤の反対側へ移動する方法を学ぶ必要がある。より均衡に近いところへバランスを戻すには決意と細心の注意が必要です。でも先生はそこにいるし、受けたければ授業も行われている。〝永遠の学びの徒〟というレンズを通してこのことを見てきた私たちには、教訓を見つける枠組みが備わっています。

不寛容は寛容を教えてくれる。決めつけは受け入れを教えてくれる。戦争は平和を教えてくれる。恐怖は愛を教えてくれる。影は光を教えてくれる。さあ、心を開いてみましょう。いままで見ていなかった場所を見てください。宝探しをするとき、宝物がないとわかっている場所をいつまでも探すことはありません。車のキーがいつもの場所にないとき、あなたはどうしますか？　自分では想像もできないような場所を探してみます。冷蔵庫の中の、昨夜買った卵の隣に見つかるかもしれない。視点を変えることで大きく道が開けるかもしれません。変化にはリスクもともなうし、ためらうのは当然かもしれない。しかし、苦しみを当たり前のように受け入れて、満たされないまま行き詰まった人生を送るほうがよっぽどリスクが高いのではないですか？　それより思いきって失敗から学び、教訓的瞬間から教訓を見つけることに挑戦してみてはどうでしょう。

なにより、優しさを忘れずに。自分の道を歩んでいる人を優しく思いやる。道を歩んでいる自分を思いやる。親しみを込めて自分の肩に腕を回し、過去の欠点を捨て、教訓を受け取って前へ進みましょう。皆さんの多くはきわめて困難な状況をすでに乗り越えて生きてきました。自分はスーパーヒーローになる訓練中だと考えてください。それでも行き詰まっているなら、それはそれでかまいません。自分を責めたところで、気分が悪くなってプロセスが楽しくなくなり、上達が遅くなるだけです。自分と同じように苦しんでいる友人がいたら、あなたはどう思いますか？　その苦しみから何を学べますか？　どうすれば学びの徒と先生の両方を演じられますか？　どれだけ心を開けますか？　友よ。

不滅へのカギ

〝不滅へのカギは、まず記憶に値する人生を生きること〟――この言葉は父の墓の向かいにあるベンチに記されていたためよく間違われますが、父の言葉ではありません。年数だけ見れば父の人生はけっして長くなかったけれど、じつはとても長い人生でした。何十年か経ったいまも、ここでその影響力を振り返っているくらいですから。私は父の遺産を広く世に知らせ保存する仕事に大量のエネルギーをそそいできましたが、私がいなくても父はずっと記憶されていたでしょう。創造的なひらめきと可能性に満ちた人生を自分の力で具現化した人でしたから。

父は私たちの先生であり、エンターテイナーであり、友人であり、家族でした。その精神は結束の力と光に満ちたエネルギーを秘めていた。私にとっての父がどんな感じかイメージすれば、さざ波を立てる海に燦然と輝く黄金色の陽光でしょうか。まぶしく、驚きに満ち、人を前へ招いていく。

二〇〇五年、ボスニアの都市モスタルに父の銅像が建てられました。皆さんも驚かれたかもしれませんが、私にとっても驚きの出来事でした。あの地域を引き裂いた恐ろしい内戦は終わったものの、街の中心部のあちこちでモニュメントが破壊されていた。どのモニュメントを復元するか決めようと、いろんな派閥の人が集まりました。当然さまざまなシンボルとその意味について討議を重ねましたが、いつまでも合意に至りません。

そのときある人が、ブルース・リーの像を建ててはどうかと提案したのです。そうか、それは名案だ。ブルース・リーか。

会議のまとめ役たちはこの決断について、「私たち全員に共通しているのはブルース・リーなんです」と語っています。彼らにとってブルース・リーは民族分断との闘いの象徴でした。異なる文化に橋を架け、人々を団結させ、気分を高揚させた象徴的人物として。

父は特段こうなることをめざしていたわけではありません。事実、自分の人生やキャリアについて、「自分が実践していることが何につながるかは皆目わからない」と語っています。ボスニアに自分の銅像が立つなんて思ってもみなかったでしょう。自分の人生を精いっぱい生き、自分にできる最高水準の良質で誠実な生き方をしただけです。そうしたらみんなが、「見ろ、ここに本物がいる」と言ったのです。

私は父のことを〝志を遂げた人〟だと思っています。

死の意味はわからないが、死ぬことは恐れていない。歩みを止めず、ひたすら前へ進んでいく。いずれ野望のすべては果たせずに死んだとしても、私、ブルース・リーには一片の悔いもない。

自分のやりたいことをやり、誠実に、力の限りを尽くしてきた。人生にこれ以上は望むべくもない。

これが自分の生きていく人生だと思って生きてください――そのうち問題に対処しようとか、こうなったらああなったら幸せだろうとか、そういう人生ではなく。いまがそのとき。一瞬一瞬、一日一日があなたの人生です。ブルース・リーになるために奮闘しているのではないことをお忘れなく。自分を磨くうち、あなたは有言実行の人になっていく。裏表がなく、いまに集中している人。自分にとって大切なことの実践に時間と努力を費やしてきて、その道に秀でた人。接した人の気分を高める大きなエネルギーの持ち主。あなたはそんな人になっていく。史上最高の武術家とかノーベル文学賞受賞者、月間最優秀社員、史上最高の母といった肩書がそこについてくる必要はありません。肩書は制限を生むからです。そんなラベルはあなたという人の全体の一側面にすぎません。それでも何かつけなければいけないとしたら、そう、〝最大限自分を表現した人〟でしょうか。

エピローグ

ここでお別れとしよう、友よ。きみの前途には長い旅が待っていて、それには身軽でなくてはいけない。このくだりはせいぜい〝月をさす指〟にすぎない。くれぐれも指を月と思ったり、指ばかり見つめて天空の美しい光景を見逃したりしないように。指の用途は、指から離れたところですべてを照らしている光を指し示すことにあるのだから。

これから先は先入観という重い荷物を捨て、前途に現れるあらゆること、あらゆる人に心を開いてほしい。コップの利用価値は空っぽの状態にあることを忘れないでくれ、友よ。

——ブルース・リー

謝辞

父がいなければこの本が存在しなかったのはもちろんですが、母がいなくても生まれていなかったでしょう。父は言葉を書き、武術をつくり上げたけれど、母は私たちみんなが道を追求できるようにし、いまもそうしてくれています。両親は人生をともに精いっぱい生きたひとつのチームでした。私が大人になるまで母が父の仕事や作品を大切に保管し、私をそれに浸してくれなかったら、世界も私もブルース・リーについてこのような個人的洞察を得られなかったでしょう。わが家の遺産を守り、私を愛し、思いやりある優しい人になりなさいと教えてくれ、私がなりたい人間になれるよう育ててくれたことに感謝しています、ママ。大好きよ。

ブランドンへ。あなたがこの世にいなくて、毎日寂しくてなりません。すばらしい兄でいてくれたこと、いろんな意味で頼りになる存在だったことに感謝しています。いまでもあなたがそばにいるような気がします。

娘のレンがいなかったら、いまほど全体性に近づいた責任ある人間にはなれなかったでしょう。レン、あなたのおかげで私は自分を発見できている。あなたはずっと私の最高の先生であり、深い愛情をそそげる対象だった。あなたは清らかな魂の持ち主で、私たち母娘の深く自然な関係に感謝しています。あなたの母親でいられて光栄です。これ以上の娘は望めません。愛しているわ。

シドニー・ウィルソン、ライディ・ウォーカー、ジェス・スコットへ。〈ブルース・リー・エンタープライズ〉の中核を成す家族として私を支えてくれていることに感謝しています。お三方のおかげで私は執筆の時間と空間を手にすることができました。いつも前向きなあなたたちに力づけられています。事業計画、後方支援、意見と感想、アーカイブの掘り返しなどで、執筆のプロセス管理がとても楽になりました。同僚であり友人でいてくれることに感謝しています。そして、シドニーとクリスへ。頭脳を貸してくれるだけでなく元気づけてもくれて、このジェットコースターに同乗し、しっかりつかまっていてくれたこと、今生で私の大家族の一員になってくれたことに感謝しています。

シャロン・リーに大きな感謝を。あなたがいなかったら、ブルース・リーのポッドキャストは存在しなかったでしょう。シャロンのおかげでポッドキャストが生まれ、ポッドキャストのおかげで本書は生まれた。私たちがあんなに楽しく哲学を語り合っていなかったら、著作権代理店〈エーヴィタス・クリエイティブ・マネジメント〉のアルバート・リーとジェーン・フォン・メーレンの注意を引くこともなかったでしょう。ありがとう、シャロン。あなたとあなたのくれた火花に一生感謝します。

駆け出しの私に手を差し伸べ、ずっとやりたいとひそかに思っていた本の執筆を依頼してくれたアルバートとジェーンに感謝を。あなたたちの熱意と経験、導きが計り知れない力になりました。この本を書く家を見つけてくれ、すべての過程で私を支えてくれたジェーン、あなたのように面倒見がよく、温かな心を持つ、熟練の助言者がいてくれたことに感謝しています。

私の補佐役で、秘密を打ち明ける相手で、第二の頭脳で、熟練の専門家で、みずからが作家でもあるニコール・トーテロットへ。企画の提案から完成原稿まで通してリハーサルしてくれたことに感謝しています。私の耳と目になり、耳をじっと傾け、頭の整理や自己表現でも力になってもらいました。あなたが素材にそそぐ愛情、誠実でおおらかな性格が今回の執筆過程を楽しく円滑なものにしてくれました。感謝しています。

フラットアイアン・ブックスのみなさん、ありがとう。今回の過程を通じて数多くの方から大きな支援をいただき、また今後もいただくことになると思います。心から感謝していることを知っていただけたら幸いです。今回の企画を明確に理解し、最初から出版に情熱をそそいでくださったボブ・ミラーと、綿密にして明快、鋭い慧眼で編集作業に当たってくれた縁の下の力持ち、サラ・マーフィーに特別の感謝を。いっしょに仕事ができて楽しかった。今回の素材に対する愛情とお二人の経験、誠実な支援に心から感謝しています。

私の人生に痛みをくれた先生たちに感謝を。いろんな経験をすることで成長できました。みなさんからいただいた難しい課題のおかげで自分を深く見つめることができました。みんな愛しています。

私を形成し支えてくださったことに感謝すべき大切な方々は枚挙にいとまがありません。でも、少しだけ名前を挙げさせていただきます。魂の姉妹ジョイ・マーゴリス。私の光トニー・リロイ。忠実な友リズ・オッダーズホワイ。ポッドキャストの世話役で、友人で、私と同じ食いしん坊のサーサ・ウッドラフ。新しい友人で、いつも知恵を授けてくれるキャリン・カイ・ベネット。私の気分を高揚させてくれる面白くて最高の協力者たち、そして新しい友人の皆さん、ありがとう。皆さんの熱意と、さまざまな形で私を信じ、導き、支えていただいたことに感謝しています。二〇一九年、私の幸福に投資してくださる方たちの支援体制をつくりたいと明言しましたが、いまそれを共有できている気がします。ありがとう。

そして、父へ。私の尊父（ババ）でいてくれてありがとう。私を心から愛し、いまなお育ててくれていることに感謝しています。

水になれ、友たちよ。

訳者解説

シャノン・リー著『友よ、水になれ　父ブルース・リーの哲学』（原題 *BE WATER, MY FRIEND : The Teachings of Bruce Lee*　二〇二〇年、フラットアイアン・ブックス刊）をお届けする。

不世出の武術家にしてカリスマ的アクション俳優ブルース・リー（李小龍）が他界してから半世紀近くが経つ。映画『燃えよドラゴン』で初めて彼の勇姿を見たときが昨日のことのように甦ってくる。一九七三年末に正月映画として封切られたのだが、年明けから、当時十三歳だった私の周囲には、ヌンチャクに見立てたタオルを振り回して例の〝怪鳥音〟を発する中学生たちの姿があった。

ブルース・リーは一九四〇年、粤劇（広東オペラ）俳優の中国人を父、欧州系の血を引く中国人を母に米サンフランシスコで生まれ、香港で育ち、十八歳で渡米。中国拳法の指導者、俳優としての人生を歩み、きわめて印象的な四本のアクション映画（＋死後に公開された『死亡遊戯』）を残して七三年にこの世を去った。

彼の主演映画は、日本では（製作順と異なり）『燃えよドラゴン』『ドラゴン危機一発』『ドラゴン怒りの鉄拳』『ドラゴンへの道』の順で公開され、熱狂的なファン層を生んだ。これは七四年から漫画週刊誌で連載された『男組』（主人公は陳家太極拳の使い手）の人気とも相まって、中国拳法（カンフー）という概念が日本に太く根を下ろした時期でもあった。

ブルース・リーは今日の格闘ファンには、総合格闘技（ＭＭＡ）という概念に大きな影響をあたえた人物としても認識されている。『燃えよドラゴン』の冒頭、彼はサモ・ハン・キンポーと演じた戦いで、打撃と投げと関節技が一体となったシーンを披露する。これこそが米国発の世界的総合格闘技団体ＵＦＣの現代表デイナ・ホワイトをして、ブルースを「総合格闘技の父」と呼ばせた所以（ゆえん）である。映画スターにして、武術の達人。日本人のブルース・リー観はおよそこのふたつに集約されるだろう。

しかし、彼にはもうひとつ、哲学者という見逃されがちな側面があった。体系的な哲学書を著したことこそなかったが、私的な執筆や映像作品、マスメディアのインタビューなどで深遠な数々の言葉を残している。彼の名言をもとに構成された書籍が出版され、ネット上に彼のメッセージを集めたサイトが数多く立ち上げられていることからも、そのインパクトの強さがわかるだろう。もっとも有名なのは『燃えよドラゴン』冒頭の名シーンで発せられた「考えるな、感じるんだ（Don't Think. Feeeeel！）」という台詞か。その独特の節回しとともに、この言葉はファンの頭に強く焼きついている。

ただ、マニアックな視点から格闘術と絡めて雑誌等の特集が組まれることはあっても、哲学者としての彼の全貌を一冊の書籍で知ることは、現在の日本では難しい状況だった。ところが二〇二〇年十月、そんなもどかしさを解消してくれる一冊が米国で出版された。

著者はブルースの実子（長女）シャノン・リー。タイトルの『友よ、水になれ』は、これまた多くのファンの頭に焼きついている言葉だ。本書冒頭の引用にあるように、器（状況）に合わせて形を変えられる柔軟性を示唆している。戦いにおいては、自分の考えに固執せず、刻々と変化する状況に臨機応変に対応する力を指す。

誤解のないよう記しておくと、本書はブルース・リーのように格闘に強くなるために書かれたものではない。むしろ、万人が一度きりの人生で自己実現を果たすための手引書、と言ったほうが正確だろう。武術にまつわるエピソードや喩え、考察がふんだんに盛り込まれているのでブルースのファンに楽しんでいただけるのはもちろんだが、じつは、人生につまずいたり、人間関係に苦しんでいたり、壁にぶち当たっていたり、自己評価が低かったりする人が読んだとき、もっとも心に響く内容ではなかろうか。停滞していた人生が流れる道を見つけた「水」のように動きだし、本来の自由で生き生きとした自分に気づき、その自分を取り戻し、「最高の自分」を実現できる――そんな道しるべになりたいという願いを込めて本書は書かれている。

著者は「はじめに」で、「私が本書に取り組んだのは、父が実践してきたことと彼の言葉に私自身が深く心を動かされ、癒されたから」と書いた。つまり、著者自身もブルースの哲学に出合い、それを理解し、実践することで困難を乗り越えてきた「ごく普通の人」なのだ。心に傷を抱えて人生をさまよい、父の遺作を整理するなかで、彼女は何気なく読んだ言葉にハッとする。それを機に父の哲学を追い、実践し、失敗と成功を重ね、体験を咀嚼するうち、「本当の自分」に目覚めていった。格闘にとりたてて関心のないごく普通の人の人生にも応用可能な普遍的な哲学であるとの確信を深め、活字の形で万人に提供したいと考えた。そんな経緯が本書中に語られている。

「水になる」とはどういうことかの解説から始まり、ブルース・リーがたどり着いた境地を段階的に詳述していく「心の旅」。ぜひ本書に最後まで寄り添って、その旅を堪能していただきたい。

ここで告白しておくと、私はかつて彼に関する書物、映像など膨大な資料に当たったことがあり、彼の人生について知り得ることはおおよそ知ったつもりでいた。ところが、本書を通読して、ブルース・リーという人物の奥行きの深さ、幅の広さを見誤っていたことに気がつき、おのれの浅薄さに恥じ入った次第である。同時に、これは嬉しい発見でもあった。哲学者としての側面をベースに彼という人物を自分の中でもういちど構築し直すことができる。

とりわけ心打たれたのは、「ブリッジング・ザ・ギャップ(bridging the gap)」という言葉だ。字義どおりにいえば、隔てられた二点間に橋を懸ける、という意味だろう。格闘においては「間合いを詰める」、人間関係では相手との「溝を埋める」といった意味にもなる。ブルース・リーの根底にあったのは徹底的な博愛主義だった。偏見や先入観なくすべての人を受け入れて、前向きに、共に歩んでいく。つまり、性別や人種、信仰、性的指向などのちがいに関係なく、多様な生き方を認め、個性を大切にして、一人ひとりに敬意を払うダイバーシティの概念が、すでにブルースの哲学には確立されていたのだ。タイトルの「友よ」という呼びかけがそのことを象徴している。

本書中の引用で、とりわけ印象的な言葉があった。「人種の差異などというものをいまだに妄信している人がいるとしたら、あまりに心が狭すぎる。その人はまだ愛を知らないのかもしれない」——半世紀以上前に、彼はそんな言葉を残しているのだ。いろんな人の顔が浮かんでくる。「分断」という現象を意図的につくり出そうとしていた人たちの顔が。

本文中でも触れられているが、香港の観光名所として有名なブルース・リー像の設置は世界で二体目だった。では、一体目は? それはボスニア・ヘルツェゴビナの都市モスタルに建てられた。一九九〇年代、ユーゴスラビア解体にともなう民族紛争で破壊されたこの街は、内戦終結後、新しい平和祈念碑を建てることにした。どんな像を建立するかをめぐり議論が紛糾したとき、提案されたのがブルース・リー像だった。この街の人々にとってブルース・リーは何を象徴する人物だったのか。なぜ彼がこの多民族国家で新生国家の象徴とみなされたのか、本書を通読することでその意味を噛みしめていただけたら幸いだ。

棚橋志行

著者シャノン・リーは一九六九年、米国カリフォルニア州生まれ。ボーカリストや俳優としての活動を経て、父の遺産の管理とプロモートを開始。現在はブルース・リー財団会長、ブルース・リー・ファミリー社CEO。父の哲学を語り合うブルース・リー・ポッドキャストが話題となる。愛娘レンとカリフォルニアに在住。

シャノン・リー Shannon Lee

1969年米国ロサンゼルス出身。ブルース・リーの実娘でブランドン・リーの妹。俳優としてのキャリアも持つ。映画『ドラゴン／ブルース・リー物語』では歌手役として歌声も披露。父が興した截拳道（ジークンドー）ではテッド・ウォン（黄錦銘）に、キックボクシングではベニー・ユキーデに師事。父ブルース・リーの哲学を語るポッドキャスト（https://brucelee.com/podcast）が話題となる。ブルース・リー財団およびブルース・リー・ファミリー社を率い、父ブルース・リーに関わる権利を管理している。

棚橋志行 Shiko Tanahashi

1960年三重県生まれ。東京外国語大学英米語学科卒。出版社勤務を経て英米語翻訳家に。バラク・オバマ『合衆国再生　大いなる希望を抱いて』、キース・リチャーズ『ライフ キース・リチャーズ自伝』、ジェフ・パッサン『豪腕　使い捨てされる15億ドルの商品』、ジョシュ・グロス『アリ対猪木　アメリカから見た世界格闘史の特異点』、マシュー・ポリー『ブルース・リー伝』、ジーナ・レイ・ラ・サーヴァ『野生のごちそう　手つかずの食材を探す旅』他、訳書多数。

友（とも）よ、水（みず）になれ
父ブルース・リーの哲学

2021年8月2日　第1版第1刷　発行

著者　シャノン・リー
訳者　棚橋志行
装画　粟津泰成
装丁　金井久幸（TwoThree）
発行者　株式会社亜紀書房
〒101-0051
東京都千代田区神田神保町1-32
電話 03-5280-0261
振替 00100-9-144037
https://www.akishobo.com
印刷・製本　株式会社トライ
https://www.try-sky.com

Printed in Japan
ISBN978-4-7505-1706-3 C0074